情緒慣性

利用一個人也能做的家族系統排列
解開世代遺傳的負面信念和反應模式

A Powerful Guide
to Transformation
Through Disentangling
Multigenerational
Patterns

Judy Wilkins-Smith

茱蒂・威爾金斯-史密斯 著
梵妮莎 譯

此書獻給我的祖先和他們的贈禮，一如他們賜予我的方式。謝謝你們。我懷著感激之情，以我自己的方式加以塑造。

感謝我不可思議的父母，他們教會了我愛、安全和開放的心態到底可以做到什麼。祝福您們兩位，我永遠愛您們。感謝我的好兄弟，他教會了我要大膽思考。感謝我的女兒，身為一名領養孩童，她展現出優雅，以及這個身分所能夠帶來的強大之愛與成功。

泰瑞莎（Teresa）、卡菈（Kara）、凱林（Keerin）、藍登（Landon）：感謝大家的愛、智慧和支持，你們是如此的令人感激和愛戴。艾丁（Ayedin）、奧雷亞娜（Orlenna）和森南（Sennan），未來就在你們手中。

我也將此獻給我那些缺席的家人，他們教會了我許多關於家庭動力的知識。

感謝非洲給我的根源、美國給我的翅膀。

這本書獻給每一位意識到有一段偉大冒險存在、勇於尋找更充實的人生、回答我對每位客戶都會詢問的問題的人：「你願意變得多重要？」這本書就是為你而寫。

目錄

PART THREE

深入挖掘

進入運轉人生的隱藏語言核心

PART FOUR

人類潛能的寶藏

超越感知極限的創造

前言

一個想法，甚至光是一個詞彙，都會讓你陷入困境；但另一個想法、一個新詞彙，也可以讓你解脫。我們的思想、語言都如此強大，而大腦亦是如此靈活。

很多人總是對我說：「可怕的事情發生在我身上！」我說：「好，然後呢？我們能夠怎麼處理？」他們也可能說：「我被某種無形的重擔拖住了，我整個人卡住了。」我會說：「讓我們找出它是從哪裡來的，然後把它變成你的贈禮。」

你不會永遠都是你世界中的受害者，總有一些你能做的事情。

即使你覺得自己一次又一次地撞在同一堵牆上，我想在這裡告訴你，任何人都可以改變並發揮他們的潛力，然後展翅超越。你只需要發現並面對你一直忠實遵循、由祖先傳遞給你的無形模式就行——這是一個你從未意識過其存在的系統，它一直在不知不覺中運行著你的人生。不過，這也是一個你能夠改變的系統。

每個人都知道我們繼承了身體ＤＮＡ，但很少有人認知到我們也繼承了我所說的「情緒ＤＮＡ」——傳承多代的決策、思想、感覺、行動、反應和心態模式，它們悄悄地、無意識地支配著我們的人生。你感覺到它在身體內，直覺地感受到它，並在生活中體驗它。然而，任何跳脫情緒DNA無意識模式之外的新思想、感覺、信念或行動，都足以改變你整個人生的運作方式。它可以改變你的整個家庭系統以及好幾個世代以來的運作方式。

「情緒DNA」是你和祖先世代相傳的東西，情緒DNA產生自你的情感藍圖。情感藍圖就是如此，沒有好壞，就像一張藏寶圖，裡面包含了在人生不同領域中發生的所有決定、行動和不行動，例如人際關係、領導力、職業和金錢，以及它們對家庭產生的影響，當然還有已然產生並代代相傳的意義。這些意義定義了你的現實，使之看起來就像是真實。然而，你的情緒DNA僅是你個人的真實，你可以自行選擇在任何時刻改變它。

當你看到並理解自己家庭系統中的模式，或是當祖先DNA中埋藏的信念、行為和障礙如巨鯨般浮現在你面前，又或者當你傾聽自己的內心以及祖先的智慧，並從自己和他們編織的模式中解脫之時，就會驚訝於看到正在等待你的可能性，並感到欣喜若狂。

我說這本書中包含的資訊具備轉化性，可不是在開玩笑的。我每天都會教大家如何探索情緒DNA中所蘊含的獨特內容，例如堅信自己永遠是第二名、永遠是「隱形的人」、「不被愛的人」或「不值得的人」。我看著他們探索、練習，努力突破幾十年來阻礙他們成長的情感模式，然後在約莫短短一個小時內，我看到他們「被點醒」，而這種洞察重新改寫他們大腦的連結模式。我想，這種體驗只能以「具備轉化性」來描述。

我看著他們意識到自己並不是內心自認那麼渺小、無能的人，而是真的可以用自己的聲音和存在來改變人生——他們的生命是很重要並且有意義的。從那一刻起，人生再也不一樣。

系統性工作和排列

在本書中，我們將探討「系統」的力量，特別是家庭和組織系統。我將說明如何解碼含有你自己力量線索的語言，以及這些系統如何持續為你帶來幫助。你會發現你所屬的所有系統——家庭、事業、社團、組織和社會系統——都涵蓋一些線索，告訴你自己想停止做什麼、需要開始做什麼，以打造出那個你一直揣想有可能、期待得以成真的生活。

透過理解系統及其線索、編碼和模式，加上理解你的人生事件（你所賦予它們的意義以及它們如何強力形塑了你），你也會開始意識到自己身兼塑造者（shaper）和轉型者（shape shifter）的原因何在。藉由系統性工作和排列（排列是系統性工作中最突破的部分），我將向你展示如何透過(1)學習個人議題的語言，透過系統濾鏡以新的語言來表達，然後(2)透過建立「排列」將你的議題實體化。這是一個動態過程，可以讓你真正從三維角度審視、檢查自己的問題。這兩者組合在一起有如兩記快拳，可以打破你從未想過可以療癒的舊模式，讓內心、腦袋和直覺接受不曾發現的可能性。

我曾幫助一位公司主管，他被告知自己有很大的潛能，但並沒有充分表現在工作上。他一直在創造和支援他人發揮才能，而非讓自己發光。他來找我的時候，職業生涯正瀕臨危機，我們查看了他的家庭系統，發現他是長子，從小被教導永遠要照顧好其他年幼的手足，把他們的需求放在前面；這種家庭模式已經滲透到他的職業生涯。他一看見這個在無形中持續運行的模式，就意識到可以關照自己「擔任領導者的職涯」，並停止關照其他人。「繼續前進並照顧好自己」這件事是「可以的」，下一個順位才是以領導者的身分幫助別人。

轉化是系統性工作和排列最具革命性的部分。這位主管和我的其他客戶對於自己在探索豐富的內在系統世界時，所能夠達到的深度和飛升的高度，都感到無比震驚。

我希望你在這本書結束時也能一飛沖天。

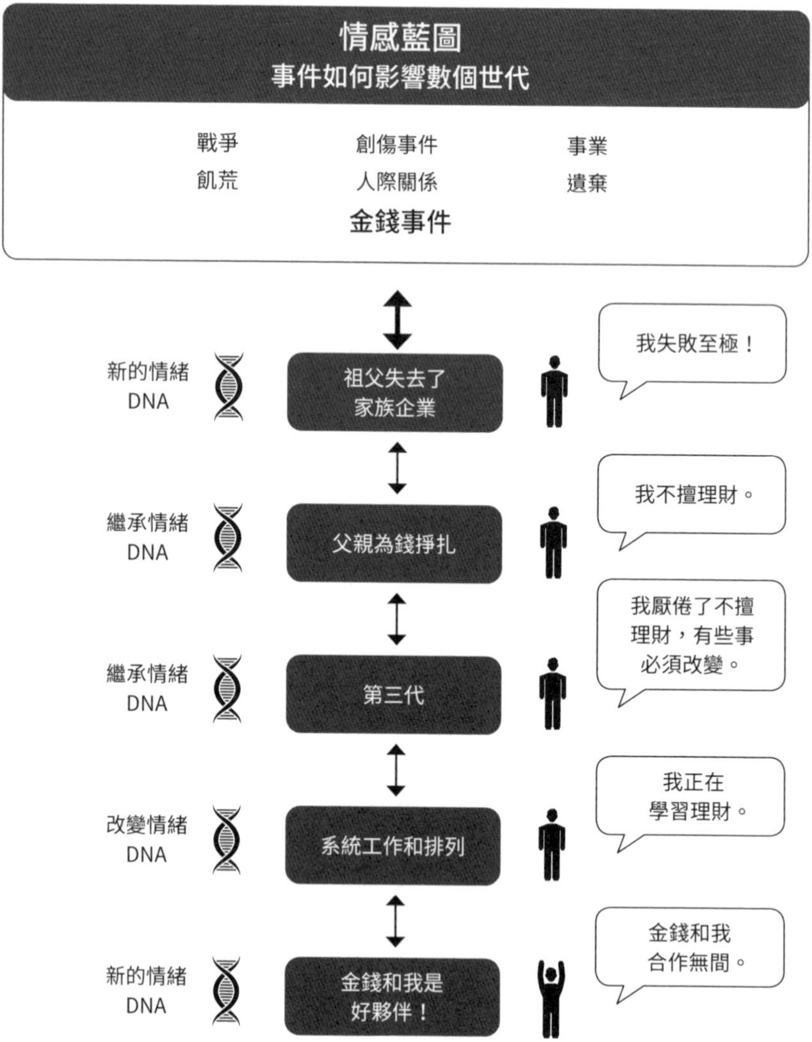

塑造並改變情緒DNA。事件帶來反應，接著創造出想法、感受和行動。等到重複次數夠多，這些行動會變成「真實」，直到你選擇用不同的方法進行才會改變。到時新的想法、新的感受和新的行動三者會一起出現！

邀請你一起加入

你將在書中學習實用的方法來探索自己的家庭和其他系統，並且有力地轉化生活。我將盡力以最容易理解的方式，帶你了解系統性工作和排列的基本步驟。我們將探索家庭和其他系統、事件、心態、系統語言、維度化（也稱為排列），以及你的陷阱、自由、無意識的忠誠、可能性和潛力。

你會在過程中了解感覺和情感如何成為摧毀或提升個人的燃料，了解如何將更高等的情感轉化為洞察和智慧。你會深刻明白你就是自己的神燈精靈，用心打開心扉、接觸直覺，就會與「神聖的自己」相遇。一旦內心和腦袋一致，就會注意到自己的直覺是如何從「單純求生」轉變為「提供智慧」，而這種和諧狀態將是個人、領導者、團隊發生化學反應和魔法的地方。

無論你自認有多麼封閉，最終都會明白自己是一個有感知的存在，並了解如何使用自己的感官。你還會理解身體是如何不斷地向你發送訊息，告知你和整個家庭（或其他組織系統）正在發生什麼事。我們之所以會錯過很多線索，是因為不懂得身體所發出的資訊！

我有一些客戶在等待時，會不自覺以單腿站立，我往往在指出這一點後詢問：「父親或母親是否在你的生活中缺席？你少了誰的支持？」他們一致震驚地意識到，身體花了一輩子的時間不停向他們大喊，希望能從那不穩定的、沒有支撐的姿勢裡喚醒自己。

身體是蘊藏數千年經驗的寶庫，擁有驚人的智慧，我們只需要學會利用它的智慧、了解它在說什麼，就能運用這些寶藏。有位客戶一直提起她的胃部刺痛，但檢查不出原因。在面談過程中，我們發現她的家族中有一位三十五歲時死於腹部刺傷的曾曾祖母。不過更常見的狀況是，我會詢問胃痛的客戶：「你不能忍受什麼？」他們的病症通常在弄清楚無法忍受的人事物之後，很快得到緩解。當我們意識到身體的訊息，就可以選擇是要維持現況，還是要改善和超越。

我們將會探索系統的意識，並理解「承認現狀」何以成為可能的關鍵。你將學會辨識什麼是你想要停止的、什麼是你想要為自己開始的模式。你將了解自己內心、大腦和直覺的智慧，以及排列如何幫助你創造深刻而持久的轉化。

我們擁有能夠進化成自己所選擇的任何樣貌的不可思議能力。你閱讀本書的時候可能會震驚地意識到，原來在不知不覺中，採取了誤以為是源於自己的受限模式。然而，你同時也會發現自己受到家庭系統中多代模式的智慧啟發，以及來自情緒DNA的贈禮，就在體內等著被你看見、提升或改變。

轉化並非只屬於那些天選之人，而是一直在這裡等著你。「你」是很了不起的存在——只需要知道該如何看待自己就行了。一旦透過系統性工作和排列的濾鏡了解自己是誰，就會發現有一段正等著你去塑造和體現的不可思議人生。歡迎加入這段旅程！

茱蒂・威爾金斯——史密斯

PART

ONE

發現你的情感藍圖

你內心的藏寶圖

DISCOVERING
YOUR EMOTIONAL
BLUEPRINT

The Treasure Map Within You

I

系統

可能性的藏寶箱

我們很容易認定自己活在空無中，孑然一身，但事實恰恰相反。我們彼此有深厚的聯繫，從成為胚胎那一刻到即便離世多年，我們都是多代家庭系統的一部分。這個系統可以追溯到人類的起源，我們是歷經數千年形成的社會系統的一部分，因此可以在生活中發現這種傳承：大多數人都是在某個宗教體系中長大的，所有人都是不同文化的產物。

這些不同的系統可能有著各自的特徵、決策，或者是我們從家庭系統（父母、祖父母和先人、兄弟姐妹和子嗣）和組織系統（任職的公司、選擇的職業）中承襲的語言，在在決定了我們思考的方式、內容、感受、選擇，以及行為和生活方式。它們決定了人生的方向，時時刻刻在我們應該創造自己的命運時，形塑我們的命運。這些影響著我們的系統從頭到尾控制著我們無意識的忠誠，多半都是無形卻非常強大的。

我們不知道當年在俄國十月革命（譯註：是一九一七年俄國革命中推翻俄羅斯帝國的二月革命後的第二次革命，再次推翻以克倫斯基為領導的俄國臨時政府，發生於西元紀年十月、俄曆十一月。後因各方勢力鬥爭，導致了俄國內戰）摧毀了家族財產後，曾曾祖父在貧窮中困苦掙扎的經歷，造成現今的我們即使坐擁遠超過百萬美元的身家，仍錙銖必較的原因。我們不會知道在每個獨處夜晚莫名出現、令人手足無措的焦慮，是源自於一位小時候被遺棄的好幾代前祖先，我們只是吞下一顆抗憂慮藥丸，然後就繼續過生活。我們也經常沒有意識到，小時候看著父母辛苦養家激發了我們對職涯的野心。

不妨來看一下露西亞怎麼了。她來找我時非常困惑不安，因為又有一顆快速生長的良性腫瘤出現，讓她的腹部膨脹到如同身懷六甲。這是她多年來的第七個腫瘤，醫生也不知道為什麼她的身體不斷長出這些腫瘤，到目前為止露西亞已經進行了六次切除手術。每次腫瘤形成時，她的身體都會像懷了孩子一樣腫脹。

我們在面談過程中發現她的祖母流產了七次，而祖母和其他家人都拒絕談論那些早夭的胎兒，因為太痛苦了。透過系統的濾鏡進行觀察，會了解到那些在我們經歷中被排除的事情或對象，會透過後來加入此系統的人再次出現，比方說一名被送往安養機構的祖母，她的經歷可能會以「一名感覺被困住或被排除在家庭之外的後代子孫」的形式加以重現。也因此，當露西亞能夠認知到這七顆腫瘤代表七個消失的個體，並且讓他們在家庭系統中佔有一席之地時，第七顆腫瘤在一個月內縮小了，完全不需要動手術，而且腫瘤就此離開了她的生活。

或者，我們也可看看六十歲的安德莉亞的故事。她的雙腿非常虛弱，從十一歲起就不得不穿戴腿部支架。由於醫生找不到任何身體或心理問題，所以她來找我作為最後的手段。在我們合作期間，我問她是不是少了誰的支持，因為身體會給出非常直接的訊息，喜歡單腿站立或雙腿無力的人有時候是人生裡缺少了雙親或其中一人。從根本上來說，他們的腿有如已經「從下面被截掉了」。

一番抽絲剝繭後，我們發現安德莉亞九歲時，曾聽到父母相互咆哮，直言不諱地宣布他們要離婚。她跑下樓梯打斷那場爭吵，父母親卻對她說：「你現在就要選擇到底要跟誰。」她選擇與爸爸同住，但兩年後爸爸去世。她說：「那時我不得不爬回我媽媽身邊。我的雙腿都軟了，從那以後就不得不穿腿部支架。」（請注意安德莉亞那句「不得不爬回」的說法。）

「你能想像和我一起走回那些樓梯的頂部，再次體驗那一刻嗎？」我問。等她同意之後，我問她：「你站在那裡的時候看到了什麼？」

「我看到我父母互相叫罵。」

「你能不能再次走下那些樓梯，這次告訴你的父母：『我同時選擇你們兩個？』」

她照做，然後我請她從這個被賦權的空間，向父親告別，並向母親問好。在那一刻，她意識到自己人生一直都擁有雙親和他們的支持，她所要做的就是選擇它。從這次會面以後，她再也沒有穿過腿部支架了。

你也許覺得這怎麼可能？從根本上說，與我們的家庭和其他系統合作並利用排列，是一種非常有效的方法，能讓不可見的被看到、讓隱形的現形、意識到那些無意識。它使你能夠查看並掌握問題、與之互動並以虛擬的方式移動這些問題，激發改變生活的洞察和以往你不可能擁有的頓悟時刻。

當我與客戶一起探索他們的家庭系統時，經常發現需要追溯到過去數代的家庭成員之間及圍繞他們的「隱藏模式」和「無意識忠誠」。我們檢視家庭使用的語言和行為，客戶學習以他們的問題和願望為核心，去建立全面的3D體驗。我們一起探討他們的痛苦和恐懼，例如堅持認為自己永遠是第二好的、相信自己永遠是「隱形的人」或「不被愛的人」或「不值得的人」。他們實際經歷了阻礙成長的情感模式，並在很短的時間內「掌握」這種模式，重新連結他們的大腦，改變思維方式和行為方式。

我會聽到很多人這樣說：「啊，原來我不是自己以為的那麼渺小、無能。我真的可以達成更多，真的可以用自己發言權和存在做出改變！」或者「我以前從來沒發現過！難怪我一直這麼＿＿＿＿＿＿＿（害怕、怨恨、焦慮，請自行填空）。」

即使你覺得自己反覆以同樣方式撞上同一面牆，不管是賺錢然後賠錢、建立又離開一段人際關係、以自己的成功或幸福為代價幫助他人成功、不覺得能夠一路順遂……我要告訴你，任何人都可以使用系統性工作和排列來改變，發揮他們的潛力並實現夢想。我見過很多人藉此修補破裂的關係、建立持久的情誼、擺脫限制金錢的想法和行為，漸趨穩定，並為家庭帶來財富。我也看到很多人了解承襲多代的慢性疾病起源，釋放它們以支持更健康的身心。轉化並不僅限於某些人，我們所有人都適用。當你突然看到並理解自己的家庭系統或其他影響系統的模式，當你傾聽內心和祖先的智慧、跳脫出你和他們交織的糾結模式時，你會對於等待你的可能性感到訝異和欣喜若狂。

了解系統是什麼

我們每天都能輕鬆在複雜的系統中導航，適應每一套規則。如果你是父母離異的孩子，大概很快就會知道「媽媽的系統」和「爸爸的系統」有不同的規則。你可以在爸爸家想看多久電視就看多久，但是在媽媽家，一切都是按表操課，在寫完作業前不可以看電視。又例如，你去上學時不會帶上家裡的狗，開車上班時就要遵守交通規則，不會去酒吧祈禱、也不會去教堂開始咒罵。就這麼簡單。

我們被系統包圍。我們生活在同一個行星系統中，這個系統位於銀河系中一個相對無人居住的區域。在這個星球上，我們創造了高速公路和電話系統、電腦系統、政治系統、商務系統、俱樂部以及資本主義等社會和經濟系統。所有聚集在一個共同框架內的人會集合，這個框架包含了其成員遵循的規則和條例，以確保此群體的歸屬和生存是一個系統。

我們的首要模式製造者是由父母、兄弟姐妹和其他親屬組成的家庭系統，它是對我們最有影響力的系統，也是我們許多成功和失敗的根源。絕大部分的系統性工作是以家庭創造的模式為中心，像是它們的起源、內容和影響。系統教會我們「可以」和「不可以」的行為，以及如何在其中成功或失敗。透過在我們身上留下行為模式印記，來定義在人際關係、金錢、情感、領導力、靈性、成功和目標方面的歸屬參數。舉例來說，一個家庭可能對進入約會年齡的孩子有嚴格的規定並遵循某些儀式，例如要一起共進周日晚餐、在餐桌上吃飯時不可以用手機。俱樂部針對會員資格有相關規則；公司有將員工聚集在一起的規則，以共同完成某項特定的使命，並具備共同的職業道德、目標、辦公室規則等。在組織中，我們將其系統的思想、感受和模式稱為「文化」。

系統是一個名符其實、有生命的實體。它的本能是生存，最高理想是平衡、繁榮和進化，而且會盡其所能來實現這個目標，在失衡時會尋找後到的家庭成員以利用他們來恢復內部平衡——通常是透過將已經遺失或被排除的東西重新納入。

了解系統中的問題和行為模式使我們能夠了解其當前狀態，以及試圖透過我們發展的事物。用一個有點過時的家庭約會規則為例，女孩不會像男孩那麼自由，她們必須早點回家，約會時不準喝酒。（這些規則攸關安全和生存。）隨之而來的是最小的女兒，叛逆的她反抗這些限制，熬夜、完全無視系統的規則，父母對她深感絕望，稱她為「壞女孩」。這個小女兒看到這些限制對自己姐妹產生的負面影響，她們很難建立關係，害怕像媽媽年輕時那樣受到傷害或被強暴。但更深層的真相是：這個系統正試圖超越「無能為力」的模式，讓系統中的女性自覺有能力在男性環繞的情況下照顧好自己，並建立快樂、無畏的關係。「壞女孩」實際上是典範轉移和打破恐懼的人。

當然，這個更深、更廣的真相通常對眾人來說都如同隱形一般，特別是對「壞女孩」而言。「壞女孩」一詞最後可能會定義她的整個人生，使她永遠行徑叛逆、製造麻煩，或者沒有歸屬感。然而，如果她很幸運而且想要超越這個標籤的限制——假設她學會看到和理解自己系統中的限制模式以及模式帶來的贈禮——她會看到自己的「壞」其實是重新建立快樂和自由關係的動力，進而能夠欣賞自己勇敢和獨立。

底線、系統及其規則創造了健康和不健康的文化。一個健康的系統會鼓勵開放的溝通、誠實和一定程度的自我反省，還有對群體的責任感；不健康的系統恰恰相反。根據系統如何演變和／或設計，它們可以是一座監獄或一對翅膀。當我們有意識地理解系統，就可以將它們用於獲取自身的最高利益，從中收集珍貴的資訊，進而帶來幸福和轉變。

系統性工作的基礎

德國心理治療師伯特．海寧格（Bert Hellinger）是系統性工作和排列之父，他認為每個家庭本身就是一個系統。二十歲時，海寧格加入耶穌會，在一九五〇年代初期被派任前往南非，將基督教和「文明」思想帶到當地的祖魯部落。然而，生活在部落中讓他很快意識到其實是祖魯人在指導他。

海寧格學習祖魯人的語言並參與他們的儀式和日常生活時，他觀察到無論是個人或整個部落，精神官能症的情況並不普遍，他不明白原因為何。漸漸地，海寧格注意到祖魯人與祖先的連結強度，對於當下正在發生的事情發揮了影響——他們經常諮詢祖先以了解過去可能曾發生的事。他理解到，祖魯人對家庭制度的尊重以及對於「了解前幾世代可能未解決的問題」的渴望，使他們採取一種健康的方法來解決家庭和整個部落內部的問題。實質上來說，他們知道未解決的過往會阻礙充滿動力的未來。

與祖魯人一起生活之後，他離開了神職人員一途，也離開了南非，最終成為一名經認證的精神分析師。在接下來的幾十年中，他發展出「家族系統排列」和「系統排列」。海寧格探索各種系統形式，在世界各地旅行、講學和教學。離世前，他已創立海寧格學派，寫了超過九十本書來闡述他的見解，主要是關於家庭系統及其內部發生的事件。本書會帶著你更進一步，超脫系統對你產生的影響，以及這些影響會如何與你的未來相關、為什麼會相關。

所有系統性工作的基本原則之一是，進化必須仰賴觀察、承認並賦予系統中的每個成員各自的位置。我們不會評斷人或事件，僅是如實呈現，既來之則安之。它可能是不愉快、不友善或不健康的，也可能很可怕，但是每個事件都有其目的而且會提供訊息。這一切都有歸屬，當我們能承認已發生事件原本樣貌，不再希望它有所不同時，我們就能從中學習，做出不同的選擇，然後進化。

這種摒除批判的做法並不容易被採納，但卻是必要的。擺脫家庭系統的模式意味著盡可能公開處理問題，探索系統及其包含的一切，例如虐待、性侵害、遺棄、快樂、悲傷、愛、缺乏愛。帶著好奇心，這樣就能找到可以幫助我們療癒的資訊。如果我們批判並拒絕承認系統內發生的人或事件，就會將自己排除在可能的智慧來源之外，錯失了足以回答那些莫名其妙限制的答案，或我們的心之所向。

舉例來說，我有位客戶的母親在八歲時離開了她，這讓她心碎，非常害怕被遺棄，而且完全受困於這個議題中。她不信任感情關係，但又迫切地想要擁有，所以一直在尋找會留在自己身邊的人；與此同時，她卻也在找尋這些人的缺點，並害怕他們終會離開。一旦看到她過去是如此獨立、多麼善於解決問題時，她就能發現母親的缺席促使她擁有照顧自己的能力，並點燃了她想要常在自己孩子身邊的強烈渴望。贈禮往往被偽裝和隱藏在家庭系統以及其中動力的痛苦和混亂中，但它們一直都在那裡，只是沒有教導我們如何去發現。

不過我們都是平凡人，很多人不能立即讓自己擺脫批判心態。也許你的父親真的很惡毒，你光是「想」到他都覺得很掙扎。然而，當你學會如何看待和理解他體驗過的生活時，有些事情可能就會出現改變。你越是深入自己的課題和內心、頭腦和直覺，去了解家庭狀態的真實情況、看看是什麼經歷讓你的父親如此惡毒時，你也許就能夠接受這個更深層次資訊所創造出的新內容，進而促成一項新的真實，能讓你開始轉變……這就是重點。否則，你也可能會不知不覺地遵循這種模式，創造出有毒的人際關係。

這與你的父母或任何他人都無關，而是關於「你自己」。轉變你的想法和理解的時候，就可以逃離久遠的家族歷史，開始創造新的情緒ＤＮＡ。在這個過程中，你也會賦予自己部分情感藍圖不同的意義和潛在結果。在那之後，你與你的家庭系統及成員——以及你自己——的關係將有所不同。

系統意識

在系統性工作中，我們稱呼每個系統特有的規則和制度為「系統意識」。它們與公司中的不成文規定相似：你若順從，就能蓬勃發展；你若反抗，就會覺得身處風險中。我們前面已經舉過一些例子，諸如十點之前熄燈上床、上課日的晚上不可以約會、兩餐之間不能吃零食等等。矛盾的是，一個系統如果要成長，就至少要有一個成員必須冒著會被稱為「不良意識」的風險去違反規則；否則，始終遵守規則、重複做出相同的事情，就會使你和系統停滯不前。因此，規避風險的公司必須學會承擔有計畫的風險，而勇敢的家庭成員必須有意識地做出選擇，以打破世代族人的沉默和邊緣化。

比方說，你的母親堅持你要在收到生日和聖誕節禮物的時候立刻寫感謝信——你甚至還沒來得及玩那些新玩具。快轉到二十年後，你已經耗盡心力、熬夜到凌晨處理你認為必須盡到的社會義務。你不曾為自己的快樂著想，只聚焦於「獲得歸屬感」，努力遵守系統規範想當個「好孩子」。

轉變為「不好的意識」並讓那些循規蹈矩的成員注意到、做出其他回應，就是在家庭系統模式中朝著更健康、更自由方向的進展。訣竅是學會承認和尊重既有的一切，同時去發現如何以不同的方式為自己和你所在的系統做出不同的行為。在上面的例子中，也許寫信養成了你進行書面溝通的才能，開啟了一段新聞從業生涯，更讓你了解到「期限」有多重要。媽媽，謝謝你！這是特定系統規則賦予的健康贈禮。但是，如果你因為覺得有義務遵循不必要且過時的社交禮儀，舊規則就會一直讓你筋疲力盡，因而變得有害。這裡不存在有意識的進化，而是規則主導一切，你不再將目光放得更遠。當規則以成長為代價佔據主導地位時，我們最終會陷入一種被稱為「系統催眠」的狀態。

家庭系統可以為靈魂提供進化的機會，但也可以很容易就使其沉睡和冬眠。若我們屈服於對系統的熟悉，並告訴自己「事情本該如此」時，基本上就處於系統催眠狀態。「女人要下廚和做家事，事情本該如此。男人要工作，直到他們把食物帶回家、確保家人安全，事情本該如此。」（你沒看錯，我在二十一世紀的今日仍經常看到各年齡層的男女都陷入這種古老的性別角色催眠狀態。）

現狀總是令人感到熟悉且欣慰，而在這種催眠狀態中，你不必思考，只是無意識地遵循系統的規則。但現狀也讓你陷入困境，或撞上那道你無法理解和跨越的磚牆，直到你了解自己應該要追求什麼為止。假設你所有的家人都喝酒，所以在你生命最初的四十年都生活在酒精的系統催眠中……直到有一天，你決定該是創造更健康的生活方式的時候，於是停止喝酒。然而你周末回去拜訪家人時，就會發現自己很難不與他們一起喝酒。無法全心投入於改善健康狀況讓你感到困擾，但與此同時，陪家人把酒言歡有助你融入聚會；追根究柢說來，人對歸屬於家庭系統的需要大於對健康和繁榮的渴望。

催眠帶來的舒適感和對歸屬感的需求，往往是大家冒險失敗或未能改變的根源。即使個案真心誠意地說想要改變某件事，但這種願望通常不足以打破「不惜代價都需要歸屬感」的這條鎖鏈。當這種情況發生時，他們必須為自己的夢想和內心的渴求，建立一個比起使他們受限的系統規則更有力的理由。

如果無法辨識出這些系統模式，我們可能會對系統中的成員或規則產生無意識的忠誠，進而以「犧牲自己的財富或健康」為代價堅持下去。我最喜歡舉例的個案之一是一名來找我求助的軍人。他說他遇到了大麻煩，我問怎麼了，他說：「他們想提拔我為上校。」

我說：「我不太懂，這為什麼會是問題？」

「你不明白。我父親是少校，我的祖父是少校，我的曾祖父是少校，但長官想讓我成為上校。」

我問這件事為什麼會如此糟糕，他臉色慘白地說：「我的父祖輩都是很棒的人，我哪有資格擔任比他們更高的官階？」

在我們探索他的家庭系統時，他解釋曾祖父曾經非常清楚地表明：「對我們家族來說，少校就很夠了。」我的客戶對他的父祖輩產生非常強烈、緊密的忠誠，以至於「自己做得比前人更好」的想法讓他陷入恐慌。他不知道自己是否應該變得「更好」，對於自己接受升遷可能需要付出的代價感到恐懼。

我問他，如果他感謝男性血親們留給他如此強大的傳承、讓他可以進一步發展，在軍隊中擔任上校，會是什麼感覺。這句話在他身上起了作用，他開始可以接受自己獲得晉升的想法。我想請你們特別留意，案例中「對一句話的忠誠」如何使家族中四個世代的男子都低估自己！

這就是催眠、我們對系統的忠誠，以及我們對於歸屬感需求所擁有的力量。

系統句

正如我們前面看到的，每個家庭都有一些「格言」。所謂的「系統句」是我們一遍又一遍告訴自己，並且信以為真的事，通常是我們的家庭系統可能已經傳承了好幾世代的內容。下面有些例句也許對你來說是再熟悉不過：

- 教育勝過金錢。
- 親暱生侮慢。
- 你可以選擇擁有愛情或金錢，但魚與熊掌無法兼得。
- 努力工作造就誠實的人。
- 太過成功可能會讓你付出一切。

- 老狗學不會新把戲。
- 血濃於水。

每個系統都有系統句，涵蓋所有你想得到的一切領域，例如成功、失敗、愛、關係、金錢、領導力、職業、健康、年齡。由於經常接觸到這些句子，身為家庭系統成員的你開始相信它們是真理，但實際上這只是看待世界的一種方式而已。它們**只是**家庭系統的真相（現在變成你的真相），你其實可以隨時更改它們。

系統句確實貫穿我們的生活，我們將在本書中大量討論。一旦辨識出這些句子並探索它們的起源和影響，我們就可以反過來利用，把自己從當前誤認為現實的多世代模式中解放出來。

系統性工作和排列的指導原則

伯特．海寧格開發的系統工作有三項原則[1]，這些原則會持續發揮作用，無論你是想將系統工作用在自己身上，還是學習如何與他人操作，了解這些原則都非常重要。你或客戶面臨的任何問題都會落在這三項原則中。一旦確定是哪項原則在運作，就能對於「需要強調的領域」以及「需要如何解決」有大致的理解。透過這三項原則，你很快就可以開始了解，如何以日常生活中就非常好用的簡單方式，在系統世界中航行。

原則一　歸屬感——每個人都有權歸屬於某件事物。

每一個事件、成員、決定都會有其歸屬，因為每一個人、事、物都形塑出塑造你的那個系統，包括家族中那好色的叔叔、酗酒的姐妹和敗家的兄弟。好的、壞的、冷漠的、往上、往下和橫向的，所有人都很重要，因為大家都把訊息帶入系統中，這是系統中的人和系統本身發展和繁盛所需的訊息。然而，有時會有家庭成員被排除在外，因為要在情感上把他們納入真的太困難了，就像我們看到露西亞的祖母流產七次的案例一樣。但正如我們所發現的，那些被忽視的早夭小生命並不表示就不存在，它們的影響不會就此消失。

試圖將某人排除在系統之外，就表示批判和恐懼正在運作。我會聽到客戶說：「我們很少談到阿嬤，她賭博成癮，幾乎敗光一切。」他們同時也很疑惑為什麼自己的孩子會有成癮症，或是澈底痛恨各種形式的賭博。

我們都希望有歸屬、被接納和包容。一旦被排除在外，就會經歷各種消極的想法和情感，然而若是試圖融入，我們有時會選擇在某些事情上妥協。在這種情況下，你會想要找出歸屬感無法滿足之處，以及如何解決這個問題，也想探索「沒有歸屬感」的源頭何在，了解是來自於你本身，還是源自於整個家庭系統。

如果你在尋求歸屬時遭遇困難，或者擁有的是受限的歸屬狀況，這樣要如何創造出能帶給你快樂和力量的歸屬感呢？比方說，你努力讓自己跟其他家人一樣文靜，好融入這個家，但有一部分的你渴望順應本性當個快樂的外向者，卻又害怕這麼做可能會害自己被排除在外。如果你能發現一種既認可家族裡的文靜特質，同時也能讓你展現真實自我的歸屬感，就能透過成為發展系統和歸屬的真正先驅者，來協助系統成長。

原則二 定位與秩序。

這指的是你在家庭或組織系統中的確切定位，例如像「長子」或「資深副總裁」。在你的家庭系統中，這個定位是固定的，至於在其他組織中，則是可以改變的。也許你小時候必須照顧兄弟姐妹，甚至是父母親——你本該從這些對象身上獲得照顧，卻不得不進行「給予」，因而脫離了定位和秩序。這可能會導致你成為那個始終在處理、照顧一切的人，從某種意義上說，你必須一直變得更加「龐大」；換言之，這可能會讓你感覺從未獲得自己所需要的事物。當你能學會做自己該做的事情，同時認知但不承接其他人的事務時，秩序就會回歸。回到自己的定位通常能產生一種輕鬆、自由和充滿可能性的感覺。

相反地，如果你把自己的定位讓給另一位需要更多的手足或家人，你現在可能會過於低估自己，而且經常覺得受到忽視，無法全然接受生活、流動、愛和成功。我們有時會在某些堅持藏身幕後的領導者身上看到這一點，他們常提拔別人，雖然這很好，但會讓自己的定位消失。

如果有人的歸屬權受到剝奪，就會在系統中造成混亂，後代人可能會開始表現出與那名被排除者相似的生活方式、習慣、思想、感受或模式，**彷彿他們天生如此**。系統本身是動態的並且涵蓋一切，時時在失去「歸屬感」、「和諧」和「平衡」時尋求復原。在露西亞的案例中，她的七顆腫瘤清楚地表現出被排除的早夭胎兒，確保他們七位都被涵蓋在內並「重新加入」系統中。

所有系統中都有角色和位階。在家庭系統中，先是曾祖父母（或曾曾曾祖父母或更早的先祖），然後是祖父母和父母。那些先來的人承受著更多的生命重量，原因很單純——他們先擁有生命來到世上。位階不會影響你或其他人生命的好壞，每個人在系統中都有自己的定位，而且這也是我們僅有的。當我們了解並處於適當的定位時，就會得到所需的事物，並且能夠傳遞我們該傳遞的東西，生活、愛情和成功因此得以流動。我們若在不適當的位置，就會以不屬於自己的方式感受它，生活也不會依照應有的方式流動，我們會感到受限、負擔沉重或被欺騙。組織中有許多不同的定位方式，像是按照技能組合、年齡、任期、流程、客戶權重或薪水來衡量。

原則三 施與受的平衡。

你是否付出太多的愛、金錢、時間、關注或任何想得到的東西，卻沒有得到回報？這種動態會破壞任何系統中的多種關係。這項原則的另一個極端是「索取太多」。系統和人會在平衡的地方茁壯成長，在失衡的地方寸步難行。

有個我曾協助的組織中，每個人本來都合作無間，後來老闆「奪走」了假期，情況就變了——大家幾乎是馬上開始不分青紅皂白地請病假。這些系統成員的行為在表達什麼？系統中的「給予和接受」平衡狀況不佳，向我們要求太多但沒有給予足夠的回報，所以，現在我們要請病假了。

當你不太了解自己的原生家庭時

很多時候，那些本來與原生家庭沒有聯繫的人，在取回連結之後，經常會驚訝於雙方生活中的相似之處。這就像我們看不到生理ＤＮＡ的雙股螺旋結構，甚至平常不會意識到其存在，但依然能清楚展現它們的模式，情緒ＤＮＡ也不例外。只要了解該如何看待情緒ＤＮＡ，你便擁有更進一步所需的一切。

在我舉辦的一場活動中，麗莎曾站起來宣稱這套方法對她來說不適用，因為她是被收養的，與原生家庭沒有任何連結。她眼中的淚水表現出這對她來說是非常痛苦的一件事。我邀請她上前和我一起合作。房間的一側有面鏡子，我請她仔細看看之後告訴我：她與收養家庭在生理上有何不同？她與收養家庭在個人特質上有何不同？她的挫折以及最深的想望又是什麼？

這些問題讓麗莎一點一滴意識到，她擁有自己所需要的一切，包括與親生父母的連結都遠比她以為的更強烈。在擁有了新的想法和感覺後，她開始以不同的方式進行連結。我建議她寫下所有挫折、內心的渴望和人生重大事件，去尋找讓她陷入困境的模式。這些模式來自於某個地方，它們試圖透過她的夢想和想望來進化。她並不需要知道原生家庭的細節。麗莎藉由自己的挫折、夢想和渴望，就能感受到一種連結和命運感。

系統性工作和排列並不會將那些被收養、被疏遠、成為孤兒或對其原生家庭不太了解的人摒除在外。你不需要掛在牆上的族譜來知曉自己是誰，因為你的思想、感覺、行動和不作為的模式，都會針對自己的家族傳承提供蛛絲馬跡。強烈的觀點、莫名其妙的教條主義、恐懼症和與生俱來的情感習慣，都是找出存在於你系統中的內容以及這些特徵可能起源自何處的線索。

在系統中，能提供線索的不僅僅是家族歷史而已，我們自己的言語、感受、心態以及賦予生活中事件的意義，都能讓我們清楚了解在自己哪裡、是怎麼樣被卡住，又是如何被驅使或被迫往哪個目標前進。你一直重複遇到哪些情況？你在哪些地方持續卡關？關於能力和潛能，你持續告訴自己什麼樣的故事？即使你沒有清楚詳細的家族史，身上仍會有不再適合你的過時模式以及想要浮出水面的新模式。

你可能永遠都找不到是哪位祖先當初引發「恐懼和懷疑」或「決心和真誠」模式，但你會找到認知這些模式的方法，然後接納其中可行的，並放手無用的舊模式，把它們變成智慧來源。你心中有一顆偉大的種子，當你播下它並開始改變時，不僅會崛起和轉變，還會為你的後人鋪路，同時連結到那些過往被忽視的前人。

請記住一點，如果你是被收養的，就會擁有兩倍的能量場和能量流，一是來自親生父母，另一個是來自養父母。你擁有的並非比較少，而是更多。你很清楚養父母給你的贈禮為何，那麼親生父母傳承給你的贈予呢？他們當年是否鼓起勇氣才決定生下你並送養？無私？他們還傳下了哪些你沒有想過的贈禮？你的力量？你的微笑？你的幽默？你的音樂天賦？

無論是否有意識到，系統模式都會傳承給你。如果看過《失散已久的親人》（*Long Lost Family*）之類的節目，很容易會發現模式是如何重複的。即使在成長過程中不理解自己的原生家庭，我們仍會在不知情的狀況下重現不少相同的歷史。

系統性墊腳石#1 發現你的家庭系統

發現你的家庭系統就像探索藏寶圖，所有你被困住的地方和那些試圖從你身上浮現的命運線索，都涵蓋於家庭系統的線索中。用日記記錄這段旅程會很有幫助，因為隨著各個片段組合在一起，路徑、可能性和寶藏就會出現，只屬於你的贈禮終將揭曉，等著你把看似破碎的一團混亂，轉變為一段不可思議的旅程。家族中的憤怒透過你回歸平靜，世代受到邊緣化群體在努力邁向頂峰、鬥志高昂的後代子孫身上取得勝利。

了解家庭系統和自己最重要的第一步，是安排一些專注時間，以便根據三項原則：⑴歸屬感、⑵秩序和⑶施與受的平衡，充分參與並檢視你的家庭。是否有家庭成員清楚地表明他們對這些原則有異議？

舉例來說，你妹妹是否因為覺得自己沒有歸屬感而行為脫序？你的爸爸是否從小就為了照顧家庭而得扮演父親的角色？若是如此，你是否也發現自己習慣性地承擔過多責任？你是否長期無意識地對這樣的父親展現過多忠誠？還是你是那個做得不夠多的人？你的母親是否在養育子女和情感支持上付出許多，但從配偶或家人那裡得到的回報卻很少？你發現自己在模仿這種模式嗎？也許你在事業上所承擔的責任和付出的辛勞都沒有獲得很好的回報？也許你發現自己處於一段情感面施與受失衡的關係中？

請找出與這三個原則相關的模式及其對你的影響。如果你沒有家人或家族資訊，請在自己的近期事件、關係或領養家庭中尋找這些模式。

系統性墊腳石＃2

揭露你的系統句

列出所有家族中的老生常談，也就是所有你聽到並內化的系統句（或許你會發現自己對孩子說了同樣的話）。有了這份清單之後，請留意你的生活方式，想想自己有和沒有做出的選擇。你的生活有多大程度受到腦海中這些句子的形塑？你讓它們代表了什麼？它們是如何限制或支持你？

這些系統句悄悄在背後運作一切，我們將在後續章節更深入探討。這邊有個提示，請注意家族中有關職業、人際關係、恐懼、目標、內疚、成功、失敗、疾病、金錢和其他家族重要面向的內容。

2

你的3D隱藏寶藏

情緒DNA與排列

「我的家庭被詛咒了。」我遇過一些客戶做出這樣的宣告，乍聽之下似乎是很極端的聲明，但如今我們了解到研究指出，思想、感覺、行動甚至是在健康、人際關係、領導力等面向的模式都可以代代相傳。我發現它在與某些課題糾纏不清的家庭中極為常見，例如缺乏教育、功能失調的人際關係、成癮、事業失敗或無法創造財務成功。這不是詛咒，而是繼承。

我將這種傳承稱為你的情緒DNA，它是以你對家庭系統情感藍圖中事件的解釋作為基礎。

你的情緒DNA會在你的思想、語言、語氣和意義建構中強烈表現出來。你所說的話創造了你的真相、方向、目的、自我意識和對他人意識，也創造了你的未來——無論是成功、平庸還是慘淡。家庭系統的情緒DNA在你的身體裡也有非常強烈的感覺，即便是在你還沒有注意到的時候。這種作為系統一部分而出現的感覺會給予我們強大的內部指南針，透過感覺，我們會知道自己是否與家庭或組織系統維持一致；會知道自己對這個系統感到內疚；會知道自己何時有歸屬感、何時被排除在外。

當我們在一個系統中感到受到尊重和認可，就會更願意開放、分享、傳承智慧並與系統交流，因為覺得自己可以提供一些有價值的東西。我們會產生可自由支配的精力和熱情，而且參與其中。反之，若我們覺得自己沒有歸屬感，或自覺不夠聰明、有趣，就會覺得脆弱、處於危險之中並退縮。

在整個系統中，可能會有一種感覺或感知模式貫穿其中，例如內疚感，這可能是源於過去的單一事件或一系列事件。我們在回顧過去幾個世代時，經常可以發現那些限制存在於自己思想、感受和行為的限制性模式，是如何或在何處被創造並烙印在系統的情緒DNA中。

丹尼是一位成功的商人，他向我抱怨工作到筋疲力盡的感覺。他說：「我的父親和祖父做了三份工來撫養我們，給我一個人生機會。我雖然覺得自己經營公司經營得不錯，卻又覺得我還不夠努力，應該再接下另一份工作。但每一天我都忙得筋疲力盡。」

我們開始研究他目前的狀態和過往歷史，他承認自己的收入已經非常好，一份額外的工作不會對淨收入產生太大影響。接下另一份工作只是延續了丹尼系統中根深蒂固的習慣，以及父親的恐懼情緒和支撐家庭的決心，然而他的身體在說：「拜託，停下來，用不同的方式生活！」

我告訴他：「如果你繼續那麼努力工作，即使取得成功，你也會告訴自己的孩子『不應該玩樂』。你教給他們的觀念是『努力工作』本身就是目的，不會有任何回報。」他後來學會重新定義祖父和父親當年的辛苦工作，意識到他們已經為自己準備好一條路徑，丹尼可以打造出一個獲得成功和財富，同時享受放鬆和玩樂的新家庭。我請他思考看看，何不把賺來的錢拿來投資在一場非常快樂的假期，並邀請父親和祖父一起同樂？他也真的照做，還在一次家庭聚餐中感謝他們的辛勞，並整理好父親的房子，也為祖父添購新家具。現在丹尼已經不再需要奮發決心和密集工作的模式，而一旦他看到改變模式的重要性，玩樂和慷慨的模式就會浮現。

有些人很難想像情感模式會在家族中世代傳承，但有時家庭系統中的重複模式是一個事件，並伴隨著情緒障礙。其中一些事件會離奇到令人難以置信。例如，有名客戶害怕地告訴我，他很肯定自己會截肢、失去一條腿。這個可能性看似極低，感覺是一種莫名出現的非理性恐懼症，但在深入了解他的家族史後，我發現他的家庭系統中有七代男性都因某種緣由失去了右腿，而這都始於一位被數次排除的男性祖先。藉由使用多種感知，並在一次家族排列中安放多個世代（本章後續將會解釋這個3D過程），他能夠更廣泛地了解家庭系統的動力，這帶來洞察和轉變，使他可以改變自己認為「命中注定要失去一條腿」的想法。透過重新連接他的大腦和身體，他治癒了「詛咒」，時至今日仍然雙腿健全。

授權演進

我在上一章中曾提到，所有系統、家族等等的首先任務是生存，然後才能繁榮。情感藍圖僅是單純地在那裡，左右人生的是隱藏於其中的起源和影響，以及你尋覓並發展自己命運的強烈慾望。一旦你解鎖了自己受限和卡關之處的線索，就可以有意識地創造能夠帶來新結果的新模式。我們必須先了解現有的藍圖才能創造新的情緒DNA，就像我們的生理DNA想要執行生命進化的使命一樣，它們也希望能夠成長。系統擁有自己的集合智慧，並且透過其中的個別成員隨時尋求改進條件，進而確保後代的生存力和福祉。

我記得有名年輕女子來找我，她非常想要快樂。我問她所說的「快樂」是什麼，她的回答是她不必一直害怕失去某人。

「你失去過誰？」我問。

「我沒有失去過誰，但這只是遲早的事。」

進一步詢問後發現，她的曾祖母失去過許多孩子，她的母親也是。這名女子太害怕了，所以不敢約會，也下意識認定自己知道接下來會發生什麼事。我問她是什麼原因造成了過去的這些事件，她說家族中有一種會使女性容易流產的特殊病史，她從未與醫生談過這件事，但在我們會面諮詢之後，她同意尋求專業建議。

後來她興奮地回報，找到一種過去世代無法獲得的有效療法。她對「失去」的恐懼減少了，開始與更多的人往來互動。她希望尋求更多事物的渴望，驅使她找出一項解決方案，而這項解決方案是過去其他女性家族成員所沒有的。隨著療法出現的是，對於恐懼的消解之道以及深入人生的可能性。恐懼模式可以停歇，希望和誕生的模式取而代之。需要注意的是，這個過程往往需要時間，因為我們對祖先的無意識忠誠非常強烈，必須被認知和整合才能推進，單純忽略這些我們不想要的事物，只不過是重蹈覆轍，再次創造出回歸舊模式的行為。

系統是會進化的。在這一代看起來慘到不行的行為，最初可能是針對另一個世代的另一個問題的解決方案，而那個模式當初有用之處現在已被遺忘。我們可以繼續選擇當受害者，終其一生都在說：「這都是我媽的錯。」我們可以簡單採取怪罪他人的手法，選擇不去看到自己真正的內在生命；或者，我們可以選擇回應情緒DNA的驅動思想和內在感受，傾聽內心的聲音，了解前幾個世代在面對的事情，並審視那些想要經由我們內心慾望、目標和目的浮現的東西，然後迅速地繼續向前邁進。

會深陷於系統之中的不僅是個人和組織，而是整個文化都會受到同樣的影響。如果我們審視歷史並探索各種事件，就可以發現其所創造的思想、感覺和行為模式，並看到改變整個文化方向的轉折點。比方說，依賴研發和使用化學物質、殺蟲劑的西方工業化農業，一直以來都對全球環境產生毀滅性的影響。一開始幾乎沒有人發現這個情勢，直到一九六二年，瑞秋・卡森的著作《寂靜的春天》記錄了濫用殺蟲劑對環境造成的負面影響，這本書一馬當先地喚醒世界環保主義和維護健康全球生態系統的重要性。事實上，在卡森的書出版之前，並不存在「環保主義」（environmentalism）和「生態系統」（ecosystems）這兩個詞彙。

政治、宗教和社群系統都經歷著自己的情緒DNA，受制於系統性原則、句子，以及與人一樣的限制性思維，然而，這些系統也想要有成長。一名加拿大魁北克省小鎮社區的領袖，聘請我來進行一個排列活動，因為小鎮議會想弄清楚為什麼即使當地人對社區發展有濃厚興趣，但當地經濟卻停滯不前。我們開始第一次療程時，幾位當地領導人說：「我們必須謹記自己很渺小。」

「這個想法是從哪裡來的？」我問。

其中一人回答：「我們這裡有一句格言：『我們是為小事而生。』我們不做大事。」

雖然還有其他促成因素，但這一句倍受限制、包山包海的句子就充分闡述出這個社區的情緒DNA。如果這樣的系統句是他們的座右銘，社區怎麼可能會有經濟成長和進化？

系統性墊腳石＃3　快速的情緒DNA登記

你繼承了什麼樣的情緒DNA？你是情緒DNA模式的創始人嗎？請詢問自己幾個問題：

- 你是否在特定主題（如人際關係、金錢、工作）有共同的家族語言？
- 你是否擁有家族成員共有的情感模式（例如：男人都覺得自己被貶低了）？
- 你的家族成員在他們的人生中是否有類似的事件、想法和經歷（例如：女性都離開了）？
- 是否存有某個特定事件會觸發，好讓現狀保持一致（例如：當年曾祖父敗光家產後，曾祖母便離開了這「愚蠢」的丈夫，而現在所有的女性子孫都嫁給不擅長理財的男子，認定他們很愚蠢之後再離開他們）？
- 你是否有一種內在衝動，想用不同於家族習慣的方式做事？
- 你有這種感覺多久了？一直都有？還是有什麼事情引發了想要改變的渴望？
- 當時你的人生發生了什麼事？

- 你為這個想法／感覺／模式／情境創造了什麼意義？
- 你讓它對自己和其他人帶來什麼意義？

排列

排列是一個簡單的三維方法，讓你能夠找出問題所有片段和元素之間的空間關係，以及問題的各類起源和影響。你可以即時看見、聆聽、觸摸和探索系統的各個部分，藉由使用多種感知並獲得新的見解，你有能力停止限制性的循環並獲得新的可能性。

排列活動通常是以團體形式舉行，個案輪流與排列師（協調者）分享和探索他們的課題。排列師提出問題以了解課題的範疇和歷史，然後決定課題的哪些部分需要在排列中呈現——這可能包括系統成員、恐懼或憤怒等特定情緒，甚至是特定事件。客戶從活動其他參與者中選擇代表，來代表問題的各個元素，接著，客戶以一種對他們而言可以反映關係和連結（或斷開）方式，將代表者實際安排在房間周遭。

這做法看似簡單，但對於大多數人來說，這是他們第一次有意識地以三維形式看待課題或關係。現在，有趣的部分來了：系統所承載著獨特的能量和訊息能被客戶和代表快速地看到、感受到。在排列開始前，代表被要求深呼吸，放下他們的個人想法和判斷，這樣就能開始為客戶的系統服務，並對來自系統的任何訊息保持開放和接受。他們可以要求開口說話或隨意移動——但前提是，這麼做是出自於一種深刻的內在提示、他們感覺被迫要這樣做，而不是來自理智的腦袋。接著，我們會邀請客戶觀察，密切關注他們在排列展開時所經歷的感受、想法和情緒。這不是角色扮演，也不是心理劇，是關於個案和他們的系統代表與被稱為「認知場」（the knowing field）的系統訊息場域之間的深度連接（我在此章的下一節會更詳細地解釋）。

這裡提供一個排列是如何進行的範例。麗塔說：「媽媽從不在我身邊。我想盡一切辦法讓她注意到我，但沒有成功過。」

「媽媽情感上的缺席對你有什麼影響？」我問。

「我無法建立親密關係。我真的很沒有安全感，覺得自己沒有好到可以擁有。」（注意，麗塔剛剛告訴我，她在關係中上也出現情感缺席，她知道這與她媽媽有某種連結。）

「如果媽媽注意到你，會有什麼不同？」

「如果媽媽有注意到我，我就會知道自己夠優秀，可以讓別人看到我。」

這時候，我請麗塔選擇三個活動參與者來代表她自己、母親和父親。我問她家族中是否有流產、死胎、墮胎或被出養的孩子。（系統任何部分出現「排除」都可能導致系統混亂。）她說沒有，於是我請她安排三位代表之間的空間關係。

客戶如何在空間上安排所有代表的同時，就是在向我呈現各種訊息，例如誰有連結或被斷開、誰與某人接近或更遠離他人，誰被隔絕或大量參與等。我會對自己注意到的所有事情都提出問題。對客戶來說，第一次進行排列通常都很有啟發性，他們突然開始看到、聽到和體驗關係中的緊張和連結，以及那些在系統元素間從未弄清楚的障礙或可能性，以前從未注意到的模式常常會在此時出現在他們的眼前。以麗塔的例子來說，她母親的代表只是站在那裡低著頭，一直盯著面前的地板。

這種動作意指現場中缺少一個成員，可能是流產或早夭的孩子。我再次詢問麗塔，她媽媽是否曾失去一個孩子，麗塔看起來很困惑，然後倒吸一口涼氣。「我忘了！我出生後她馬上又懷孕，後來失去了那個寶寶。從這以後她再也沒有其他孩子了。」

我們讓這個流掉的孩子代表坐在「媽媽」面前的地板上，麗塔立刻明白了為什麼母親從未注意過她，因為母親的注意力都集中在她失去的孩子身上。

「你知道她為什麼看不到你嗎？」我問。

麗塔哭了：「原來跟我無關！我的天啊，這不是因為我的錯！」

身為孩子，我們經常想像事情之所以發生都是自己的錯，我們在腦海中編造故事，說自己在某些方面不夠好，然後以這些故事為腳本生活。事實上，情況常常與我們幾乎毫無關聯。

麗塔第一次能夠深刻、直覺地理解她的整個課題都是與媽媽的情況有關，這樣的洞察足以讓她釋放那些破壞生活的自我貶低感，從那時起，她對人際關係就能更有自信。

認知場

麗塔媽媽的代表者怎麼知道在排列中要盯著地板看？她很可能會聳聳肩回答說：「我不知道，我只是覺得有必要這樣做。」

排列師將認知場描述為一個能量場，儲存著該家庭系統在生活和事件中包含的所有訊息——每一個事件、想法、感覺、行動、不作為以及在家庭系統中曾發生的一切。系統可以追溯至我們所能想像到的範圍，形成線索，創造出前人的智慧。如果不明白其原理的話，可能會稱之為「魔法」，但其實在現實中，我們是可以觸及這些古老模式的。只是我們通常不會花時間把關係和內心世界實體化，因而認為系統不存在；但實際上，它依然活躍不已，並且運行著我們的生活。

曾在排列活動中擔任「代表」人經常回報，他們的感知在過程中發生變化，並且清楚感受到進入自身以外的事物。數以千計的排列課程揭露，這些代表者對於他們所代表的人或情況的回饋，常常是資訊豐富、富啟發性和極度精準的，為客戶提供了絕佳的訊息、連結和見解。

一旦客戶注意到以往不曾留意或體驗過的系統部分時，他們的感官會突然變得更集中。客戶和代表會開始體驗與他們所代表的人或正在探索的課題有關的同樣想法和感受。客戶可能會說「我的肚子疼得就像○○時候一樣」或「我的心跳得非常快，就像△△時候一樣」。這是因為排列不只是針對單一課題或任何體系探索的扁平、死寂呈現，而是一個動態的呈現方式——所有的模式、家庭和課題本身的能量都會出現。

當代表移動並談論他們的感受時，客戶會對真正發生的事情有新的見解。通常，代表的轉變會為客戶創造另一個轉變，這種轉變會一直發生，直到達成某個使動態和對話停止的時間點，我們就可以讓歷程停止，擷取已經獲得的見解。

難以置信嗎？或許吧。我們將在下一章介紹認知場動態的實際科學。這裡要再提供故事供大家參考。一名抱持高度懷疑的富有商人，參加一場排列工作坊，成為一位客戶的父親代表，這位「父親」是一名越戰退役軍人。

身為代表，富商發現自己莫名地感到羞愧和退縮。案主非常感動，認為他在能量上高度還原了她成長過程中所熟悉的父親。她說：「爸爸從越南回來的時候，我們鎮上有很多反越戰的抗議活動。他們針對爸爸退役軍人的身分，大肆騷擾他，我們不得不搬家。爸爸感到非常羞愧和困惑，最終選擇離開我們和整個生活。」

富商對於自己身為代表時，在情感上受到的影響感到不安。聽到這名個案談到她的父親並確認他的羞恥感時，他大為震驚。他在我們結束排列時開始哭泣，並透露了一件往事：富商的父親當年躲過越戰徵召，事後為此感到羞愧。在進行這次排列前，富商從未認真想過這件事情。現在他從「羞愧的反戰抗議者」和「為國效力卻又深感羞愧的退伍軍人」這兩個不同的觀點獲得洞見。他感謝案主父親為國家的付出，並放下了繼承自父親的罪惡感。富商深受這些覺察的影響，因此一年之內，他為越戰老兵的後代設立了專門的獎學金。

祖傳歷史

排列的力量和影響難以言喻，客戶經常回報他們能更深入感知一切，有人說可以感覺到自己的身體在移動，並感覺到大腦重新連線時發生的心理變化。體驗過這些之後，客戶經常跟我說：「我不再用相同的方式思考，感覺不一樣了。」「我不再感到負擔沉重。」

我記得有位客戶阿曼達的議題與麗塔的狀況相似，阿曼達的母親好像從來沒有真正看見她，也沒有時間陪伴她，但排列時的呈現完全不同。

阿曼達母親的代表並沒有看地板，而是牢牢盯著排列之外。我問：「你媽媽怎麼了？」阿曼達回答她外婆沒有空陪女兒，而母親和外婆從來沒有親近過。現在，我知道我們有一個模式。

我們在排列中加入外公、外婆代表，果不其然，阿曼達的「媽媽」轉身盯著她的媽媽，不理會其他人；相反地，「外婆」轉過身來盯著圓圈外，就像阿曼達的媽媽先前那樣。

「你的曾外婆怎麼了？」我問。

她告訴我曾外婆在丈夫被殺之後，人生劇變，不得不利用所有時間賺錢養家。她沒辦法陪伴八個孩子，而孩子們突然間不得不互相依靠。就是這個！這個洞察揭露了多個世代共享的一幅畫面：她娘家所有女性都無法注意自己的孩子，她們忙著尋找自己的母親、忙著照料其他事情。

「你有小孩嗎？」我問她。

「有，兩個女兒。」她回答，眼裡含著淚水，「而且我們之間的關係很緊張，這也是我今天來這裡的原因之一。」

想像一下，身為四個世代中第一個發現母親或許能夠看見自己女兒的女性；想像一下，你意識到自己正在改變一個傳承給你的多代模式；想像一下，了解自己不受命運的支配，而是擁有創造不同故事的命運力量是什麼感覺。

我們在排列中加入曾外婆、曾外公的代表，我請阿曼達告訴她的曾外婆，她看到了曾外婆並了解曾經發生的事情。她說：「曾外婆，謝謝你讓我們活下來。對於沒有時間照顧所有孩子的你，請看著我，因為我會用不同的方式做事。請看著我看見並與你的曾外孫互動，帶回你無暇享受的親情連結、溫柔和樂趣。」

理解和尊重透過這個簡單的行為取代了心痛和母性疏離。當阿曼達與曾外婆交談時，她正在認可曾發生的事情，並在外婆和母親身上傳播療癒，同時告訴自己一個深刻的新真相——她會為自己的孩子們存在，會看見孩子並與他們互動、一起玩耍，讓希望、熱情和目標在她的血統中繼續傳遞。

超越的覺察帶來轉變

排列的程序通常會在問題解決時停止，了解現在的狀況（其中也包括過去的狀況）就能允許轉變，進而解決問題，並重新連結大腦中的神經網絡，改變我們的心理和情緒。一旦你能準確地理解和接受現況，而非抱持希望情況改變的心態，就會回到一切的原點。此時，你就可以完成身上這個「試圖結束並開始往前邁進」的模式，過去不再會無意識地束縛著你。

讓我們再問一個簡單的問題，系統性工作和排列就可以讓我們遠遠超越解決方案：「這裡還有什麼可能？」

我在多年來與數千名客戶的合作期間發現到，在解決問題之後，就有可能會進行轉變，而有些客戶已經準備好朝著這個方向邁出一步。我一直深感自己很幸運，能夠發覺這些想要尋求解決之道的舊有模式中，其實蘊含有希望透過我們誕生新模式的種子。跨過感覺受困的範圍之後，我們會開始在非常深的層次理解自己可以比前人更偉大，沒有什麼可以從根本困住或限制我們，我們每個人都「可以」而且「應該」在自己的人生中做一些格外不同的事。利用系統性工作和排列，就可以了解正在試圖透過我們浮現的事物，並持續探索個人語言和行為，如此一來，我們就能繼續成長，接受過去的贈禮、並利用它們來滋養和創造未來的夢想。

系統性墊腳石#4 一個簡單的排列

你可以在家裡使用索引卡、紙或便箋進行簡單的練習，了解什麼是排列。在這個過程中帶著好奇心和參與感會很有幫助。如果你感到抗拒，請提醒自己，你在這裡是為了開展未來，而不是重現歷史。另外請注意，懷疑思維（「這對我沒用！」）是一種元模式——一種全球人類思維模式，它困住了大部分的人，阻止我們探索和成長。在處於這個過程中的當下時，請試著接受一些新的見解和智慧！

- 請在索引卡上寫下「媽媽」（或任何你常使用的同義詞）。
- 請在另一張卡片上寫下「爸爸」（或任何你常使用的同義詞）。
- 請為每位兄弟姐妹的名字打造一張單獨的卡片。

- 請為你人生中的其他重要人物製作卡片，例如同事、老師、祖父母、叔叔、阿姨、任何選定的家庭成員。
- 請在卡片上寫下你自己的名字。

將卡片放在一個開放的地面上，用任何一種對你來說感覺正確的方式進行排列。請留意：

- 你在中間嗎？你在外圍嗎？
- 誰離你比較近？誰離你比較遠？
- 每個人各自最接近誰？
- 當你看到「家人」這樣呈現在面前時，是什麼感覺？
- 請站在代表自己的卡片上，然後環顧四周。你注意到什麼？感覺怎麼樣？有沒有情緒湧現？有沒有任何問題？有什麼覺察？
- 請認真花時間深度傾聽自己的想法，感覺自己的感受。療癒和轉變的祕訣是學習與你的內心世界如外部世界那樣有效地對話和互動，讓隱形的事物變得可見。

3

系統性工作與排列背後的科學

系統性工作和排列的有效程度令人吃驚甚至不安，但神經科學、表觀遺傳學、量子物理學和心理神經免疫學（研究中樞神經系統和免疫系統之間的關係）都為其背書。本章介紹內容中有一些先端科學還尚未得到證實，有一些仍是假設，但大部分都是非常先進的知識，系統性工作和排列也屬於此類。

正如美國著名科幻作家克拉克（Arthur C. Clarke）（譯註：英國作家、發明家，曾受封爵士，最著名的作品之一為《2001太空漫遊》，後來被改編為同名經典電影）所說：「任何極為先進的科技都與魔法無異。」[1]

現在，就讓我們從科學的角度來看看排列的動態，瞧瞧它是如何運作。

問題：排列為何得以改變我對世界的看法，讓我能夠整個人煥然一新？

簡答：神經科學。

美國精神病學家艾瑞克森（Milton Erickson）博士曾經說過：「如果你想要幸福，就必須為之努力。」[2]他說的沒錯，生活中的幸福不會自動出現或保證可得的。但是，無論過去帶給我們什麼，擁有創造我們希望世界的可能性（包括幸福）都是從自己開始。

醫生和研究人員不久之前仍認為，大腦在人類二十多歲時就已經「內建完成」了——雖然不是不可能，但我們的思想和信念過了這個時期就很難改變，還會隨著年紀增長變得更僵化。然而早在二十世紀初，「神經科學之父」卡哈爾（Santiago Ramón y Cajal）就將成人大腦神經元結構的非病理變化，描述為「神經元可塑性[3]」。一九四九年，加拿大心理學家赫布（Donald Hebb）研究大腦中的神經元如何在學習過程中適應，便談到大腦中新的神經元模式是怎麼透過相互關聯形成，並說出一句名言：「如果神經元同時被激發，就會相互連接。[4]」

到了一九六〇年代，「神經可塑性」一詞已蔚為流行，但是直到二十世紀末，「成人大腦無法被改變」的古老信念在仍是主流。幸運的是，像美國精神病學家多吉（Norman Doidge）這樣的研究人員，最終幫助我們改變了想法。多吉寫道：「大腦可以自行改變。它是有可塑性的、活生生的器官，其實有能力改變自身的結構和功能，即便有了年紀。[5]」

那個活生生、不斷在變化的大腦，在人的一生中對新體驗做出反應的願景，無疑是一個充滿希望的願景。當代研究表明，新的神經通路可以在大約二十一天的時間內形成或重新編碼，新的行為平均會在六十六天內變為自動自發。[6]

然而，多數人一生中大部分時間都仰賴「自動執行模式」過活，鮮少變化。這很大部分是因為我們的神經通路會在最小努力或阻力最小的路徑下運作，讓我們能夠保留精神能量，並對人生經歷做出快速反應。

假設你在五歲時被狗咬傷，帶有強烈情緒的想法（例如恐懼）會很快形成神經通路。我們在創傷或重大事件期間會被大量資料淹沒，這些資料帶領大腦以生存或超感知模式運行，快速激發神經網絡。如果情況夠激烈或重複夠多次但沒有被解決，我們就會開始建立新的神經通路，這些通路會被當下的情緒放大。也就是說，在遭遇被狗咬傷的創傷經驗之後，你會迅速對狗產生普遍性的恐懼，每次有狗出現時都會感到害怕，而恐懼引發的生物化學物質會一遍又一遍地強化「狗很危險」的心理編碼。很快地，大腦就會打造出一條根深蒂固的習慣性反應通路，每當你看到一隻狗時，它就會迅速且有效地啟動。

生活中其他一切也是如此，我們很快就養成了心理習慣，對某些人、情況、想法和信仰用相同的想法反覆思考。等到我們二十多歲之後，根本不需要真正思考，而是在大腦中遵循相同的舊神經習慣路徑，對政治和宗教、我們的父母、金錢、隔壁鄰居、前配偶等等有著同一套想法。如果我們不以能讓大腦穩定的方式使這些模式完整或結束，那麼關於這些念頭、人和事件的想法就會不斷激發，在神經學上將相同的模式與相同的身體和情緒反應連結。

習慣性心理模式和多世代反覆出現的恐懼和反應，會導致創傷後壓力症候群、情境再現、夢魘、疾病和其他狀況。大腦可以變得如此一觸即發，以至於即使是特定通路最微弱的暗示也會觸發我們，例如，一張狗的照片就可能會產生恐懼反應。這種模式可能會藉由被稱為表觀遺傳學的形式，以思想、感覺和行為模式代代相傳，這一點我們將在稍後進一步討論。同時，這個狀況還會創造系統句，例如：「我們不是愛狗人士」、「家族裡的每個人都患有憂鬱症」、「我們都體重過重／充滿憤怒／貧窮」、「我們不跟別人借錢」或「我們寧死也不願背叛自己的價值觀」。

幸運的是，神經可塑性確保我們可以改變自己的神經通路，神經通路在一次的排列活動期間就可以非常迅速地改變。「家庭排列可以藉由積極介入大腦的全新感官體驗，擁有重新連接自身的能力，進而創造新的神經通路。」心理治療師兼暨快速核心治療和情緒思維整合（Rapid Core Healing and Emotional Mind Integration）創始人伊爾迪茲・賽提（Yildiz Sethi）說道：「這提供了空間讓新故事浮現，即為戰勝困難、存活、或者更好地繁榮發展，而不是繼續成為特定狀況的受害者。」[7]

在排列期間，我們會定義出問題及其組成元素，並以好奇、開放、探究和當前的心態來處理工作，這往往能為可能性創造空間、加深認識並產生更多覺察。但排列最有影響力的面向是它的3D特性，親身體驗個案建立的家庭排列（或商業或組織排列）立體呈現會產生感知轉變，因為他們現在第一次看到、聽到和感覺到排列的模式。

有一個我在排列活動中合作的個案故事，可以說明我的意思。

珊卓拉在工作或家裡找不到自己的位置，總是感到被排斥在外。她是家中「與眾不同的人」，因為覺得自己不受歡迎，常常不參加家庭聚會。同樣的動力開始出現在工作中，她會從團隊中退出，然後想知道為什麼她被排除在商務聚會之外。事實是，珊卓拉就是那個將自己排除在私人和職場聚會之外的人，但她就是沒辦法發現。

在收到回饋表示她的疏離使其他人不舒服，因而升遷被拒之後，珊卓拉知道是時候看看究竟是什麼阻礙了自己。我請她為母親、父親和兄弟姐妹各選擇一位代表，也為自己選擇一個代表，並以她認為對的方式將他們擺放在彼此的空間關係中。

她在挑選和安置這些代表時，我注意到所有人都在四處張望，好像在尋找某人。我問珊卓拉是否有人被遺漏？如果有，那可能是誰？她不知道，所以我在所有其他代表都盯著看的地方，安排一名新代表進行測試。排列裡的所有人都把目光投向了新人，而珊卓拉的代表竟然挪到了新人的身邊。

這位「無名氏」代表站了一會兒，然後走出圈子，走到幾瓶水邊。她抓了幾瓶後回到了自己的位置，在接下來的幾分鐘裡，她沒有抬頭、沒有與其他代表進行眼神交流。然而，她打開了水瓶，喝了又喝——每喝一瓶，她的頭就更低。在喝了四瓶水後，她開始遠離人群。

珊卓拉盯著她看，然後哭了起來：「我知道那是誰了。」淚水從她的臉上流下來。「我的外婆在丈夫被殺後變了一個人。媽媽說外婆一心只想和外公一起死。她開始逃避家庭成員和家庭聚會、大量喝酒，有天晚上，她在酗酒後消失了。幾天後，他們在水溝裡找到她。沒有人會常常提到她或外公，因為那太痛苦了。」

我問珊卓拉是否可以告訴她的外婆代表：「我看到你了，我看到自己像你一樣排斥自己。」然後我問她是否可以在心中給她的外婆一個位置，或者在家裡放一張她的照片。珊卓拉點點頭，擦掉臉頰上的淚水，哭著說：「我不想像她一樣消失！」

這時，外婆代表放下了手中最後一瓶水，盯著圓圈外的一點。（移動到圈外的代表通常是希望離開「生命圈」。）我在她盯著看的點安排一位代表她先生的人，她便移動到圈外並在他旁邊定下來。在這個充滿啟發和解脫的時刻，珊卓拉走到「外婆」面前說：「我看到你了，我知道這對你來說有多痛苦。雖然你當時無法與家人在一起、找不到歸屬感，但我可以做到。在我心中，永遠都會有你的位置。謝謝你告訴我這讓你付出了多少代價，你封閉了自己的心，也因此失去了性命。請你看著我打開自己的心，過著充實的生活。」

珊卓拉稍後向大家描述那一刻的感覺：「好像一個巨大重擔從我的肩膀上卸下。突然間，我覺得我用一種很久沒有過的方式擁有了歸屬。」在活動後的一年內，她獲得當初想要的升遷，並且負責帶領一個龐大的團隊，因為她有能力將大家團結在一起並創造歸屬感。在得到這個晉升機會一年後，她遇見並找到了一生的摯愛。直到今天，她外公、外婆的照片仍掛在家裡走廊上。

回到神經重構這個主題，當珊卓拉透過家庭排列看到所有代表都在看排列圈外，顯然是在尋找被遺漏的人時，她親身體驗到「有人被遺漏」的真相……這是光靠思考當今的家人所無法獲得的洞察，因為她的大腦神經網絡被定格在排除外婆、外公的舊模式中。

在看到「外婆」喝酒並離開排列時，珊卓拉內心受到直擊。她的遺傳模式就在那裡，第一次如此清晰可見，就像被澆了一桶冷水（充滿驚訝和震驚），而伴隨著這種瞬間洞察轉變的情緒，在她的身體和大腦中產生了一系列生化物質，確保她的新觀點立即深深融入大腦和意識中。對自己生活的新洞察是如此強大，她不可能忽視或忘記。從那刻起，她對自己整個歷史和未來的看法就開始轉變。

正是「排列」所蘊含的內在、經驗力量，讓神經重新連結和改變成為可能。你透過多種感官去看到、聽到和感覺到以前沒有察覺到的東西，大腦開始建立新的神經連結，強烈的感覺和情緒鞏固了這種轉變，全新的洞察和現實開始佔上風。

系統性墊腳石#5　二十一天挑戰

請嘗試為期二十一天的挑戰，像做個人實驗一樣，建立有意識的神經通路並注意其差異。選擇一種你想改變的行為或思維模式，並全心全意改變它。沒有「如果」、「還有」、「但是」或「藉口」。你的明確目標就是進行為期二十一天的挑戰。現在就寫下一個新的想法，注意一種新的感覺。大聲說出新想法，直到你覺得它已經在腦中站穩腳跟，然後給自己一個全力以赴的「好！」如果你能將新的想法和感受與一個目標連結就更好了。請記住，高亢情緒就是支撐你的燃料。

問題：它怎麼可能表現出我祖先的特徵、習慣和思想呢？

簡答：表觀遺傳學。

系統性工作領域有一句流行的說詞：「當你沒有完成自己的工作時，就會讓你的孩子去接手，並重複你不想提及的未完成狀態。」我在上一章中說過，你不僅繼承了物理DNA，也繼承了思想、感覺、行為和反應模式。表觀遺傳學是解釋這一現象最有可能的候選者，這個學門是在研究事件、選擇、行為和環境條件如何導致影響基因運作方式的變化，進而對最初受影響成員之後的數個世代產生影響。

我們的遺傳密碼在稱為「基因表現」的過程中產生蛋白質，遺傳變化改變了製成的蛋白質，從而改變了表現的基因。由環境因素觸發的表觀遺傳變化不會改變產生的蛋白質或遺傳密碼，然而，它們確實產出了「標記」，可以「打開」和「關閉」某些基因。與遺傳變化不同的是，表觀遺傳變化是可逆的。它們不會改變你的DNA序列，但的確會影響你的身體如何讀取並表現DNA序列。

新興研究指出，飲食和鍛鍊、創傷、情緒壓力及其他生理和心理影響等外部因素都可能導致表觀遺傳變化，這些變化能會傳遞給後代，例如暴露於產前壓力、母嬰分離、施虐照顧和成年社會壓力的老鼠，在DNA中表現出表觀遺傳變化。還有證據顯示，施虐照顧特徵會遺傳給後代和子孫輩。[8]

針對二戰納粹大屠殺倖存者子女的研究顯示，他們的祖先所經歷的創傷可能在基因上留下了遺傳化學標記，導致焦慮程度更高、自尊心更低、對侵犯的顧忌更多，比起對照組中的人更容易出現人際相處困難。[9]

在一九四四年十一月至一九四五年五月的荷蘭大飢荒期間，有一項對孕婦進行的表觀遺傳學研究有著完整記錄。[10]在第二次世界大戰接近尾聲時，荷蘭西部因與盟軍合作受到德國懲罰和封鎖，因此許多人靠吃老鼠、草和鬱金香球莖維生。懷孕初期營養不良的孕婦在往後生活中出現更高的肥胖率、心理健康問題和其他健康問題，值得注意的是，其中有一些影響仍存在於子孫輩身上。表觀遺傳環境標記被傳承下來，表型（個體的基因型與環境相互作用產生的可觀察特徵）遺傳給後代。

表觀遺傳標記表現為思想、感覺、語言、行為和反應的模式。我看到它們出現在許多個案會重複展現的祖先模式中，這些模式與多種領域有關，包括關係、成功、目標、恐懼、夢想、財務、領導力和健康。我會從個案所說的那些獨特語言中，聽到這些標記——那是不成文但清楚理解的規則，運作著他們所屬的家庭系統。

先天與後天的思想在此融合。我們擁有從父母那裡繼承的基因，但它們的表達方式取決於我們的周遭環境、成長方式，以及最重要的是，我們對於周圍和影響自身的事物所給予的意義。隨著時間的推移，事件細節會逐漸消失，但它們的症狀會越來越顯著，直到系統中需要注意的問題被看到並獲得解決。

表觀遺傳效應可以改變，當個案有意重新連接他們的思想、感覺和行為模式時，大腦和現實就不再相同，而他們古老的家族老歷史或迄今為止可預見的未來也不再相同。當你終於認知到這些古舊的家庭模式時，通往非凡的大門就會打開，你就能產生、體驗和體現進化的飛躍。

問題：那些代表如何從個案和認知場獲取資訊？

簡答：形態共振、量子力學、意圖和全息宇宙。

形態共振

作家謝德瑞克（Rupert Sheldrake）博士是前英國劍橋大學發育生物學者，他提出了一種稱為形態共振的理論，這是組織系統從過往類似系統中繼承記憶的過程。謝德瑞克認為，社會場域（包括人類場域）都有一種社會記憶（也許就是瑞士精神分析師卡爾・榮格所說的集體無意識）。行動、言語、思想和感受的迴響形成了謝德瑞克所說的規律或習慣。他認為，家庭擁有「場域」，其中存在著模式和習慣，而這些都被系統性工作和排列完整記錄下來。

場域與資訊相關，舉例來說，在心理學中，場域理論會辨識並檢視個體與其環境整體場域之間所打造出的模式。在古典物理學中，電磁（EM）場是透過移動電荷產生，而人體天生帶電，會產生電磁場。我們的身體不斷接收來自地球磁場以及其他人類、動物場域的電磁輻射，眼睛則攔截來自物體在可見光譜中的電磁輻射並對其進行詮釋。研究顯示，人類可以感測到地球的電磁場（大多是無意識的），並在大腦中實際對其進行轉化。[11]科學和科技領域甚至有「每個人的電磁場是否獨一無二的」的推測，以及我們是否能製造出一種像指紋或視網膜掃描那樣「讀取」

一個人電磁簽名的裝置。

有些人可以在實際看到身影或聽到聲音之前，立刻感知到來者的正確身分，這很有可能就是因為讀取到了對方的電磁簽名。

謝德瑞克推測，透過形態共振，在某地發生過的事件會在其他地方創造出類似的事件，也有可能是相隔幾個世代之後才重現。[12]因此，認知場可能是事件以及促成事件發生的所有決定和行動的儲存庫，而我們在當下是可以探索這些資訊的。形態共振甚至也支持一種可能性：孩子出生時可以讀取祖先經歷過的整個知識場域——這不是因為透過表觀遺傳傳承到這些訊息，而是因為孩子的基因與背負資訊儲存庫的祖先基因共振。

量子力學、意念和纏結

一九〇五年之前，我們可以用牛頓物理學來解釋物理宇宙，原子被描繪成微小的固態行星在太空中穿梭，構成原子的微小物理粒子成為物質的基礎，因此物質都是有實體的。然後愛因斯坦出現了，告訴我們物質其實是能量（$E = mc^2$），突然一切都變得難以預料。電子顯微鏡證明原子是由帶電荷但沒有質量的「粒子」組成。顯然，世界上的每一個「東西」（包括世界本身）都是由無形的能量組成的。

愛因斯坦還解釋了光電效應，建立光不是波，而是以離散的「能量量子」封裝形式出現的理論，後來被稱為光子。然後，又發現光同時表現出波和粒子的特性，被稱為雙狹縫實驗（Double-slit Experiment）的東西將一個驚人的元素引入了量子物理學的世界：意識。

實驗顯示，測量和觀察的行為決定了光子是以能量封包（也稱為粒子）還是以波的形式出現的。一九二〇年，物理學家波耳（Niels Bohr）在哥本哈根詮釋（Copenhagen Interpretation）中，對這個令人費解的現象給出解釋，提出觀察實驗的行為會改變結果。[13]意識顯然會影響量子場——這意味著個案的想法可能會微妙地影響排列期間的代表和認知場。

研究還指出，心理意念確實會與構成所有現實的能量量子場相互作用，儘管這仍然存在著很大爭議，也還未得到最終證實。一九六〇年代初期，加拿大心理學家葛瑞德（Bernard Grad）的實驗表明，由治療師澆灌的種子，其發芽和成長的速度比對照組更快。[14]對這些早期研究感興趣的研究記者兼作家琳恩・麥塔嘉（Lynne McTaggart）自二〇〇七年六月以來，成立了六個類似的發芽意念實驗（Germination Intention Experiments），用以確定意念是否會對生命系統產生可量化的影響。在所有六項實驗中出現一致的結果，被傳遞意念的種子都長得比對照組更高。[15]

這就是為什麼在排列中，排列師不會以期待和意念影響個案，或在體驗期間增添其他色彩，是很重要的一件事。量子場的存在和意念的潛在影響是排列師必須保持中立的主要原因之一。

量子力學的另一個可能有助於解釋排列的神祕現象是纏結。實驗證明，當兩個電子相互接觸時，它們的自旋態就會相互連結。它們相互碰撞，從那一刻起，如果其中一個電子的自旋態發生變化，另一個電子的自旋態會立即改變以相互搭配，即使這兩個電子相隔一百萬光年之遠也一樣。這就像是在一個親吻之後，兩者就永結同心了。

雙狹縫實驗以一記重拳摧毀了數千年來科學中最值得信賴的信念：科學家都完全客觀，與他們正在研究的世界保持距離。纏結證明了宇宙中的一切都在能量層面上從根本相互連結。如果宇宙的基本元素都在一個無限糾纏的網路中相互關聯，若是人類意識可以影響那個網路，那麼我們自認非常了解的世界就根本不是看起來的那樣。

全息宇宙

「宇宙實際上是一個巨大的全息圖」，這項理論自一九九〇年代初以來一直在科學界引起波瀾。二〇一七年，研究人員在期刊《物理評論快報》（Physical Review Letters）上發表研究結果，提供了大量證據表示我們確實生活在一個看似是三維的二維宇宙中。[16]但研究結果中真正有趣的是，全息圖本身的古怪性質。

還記得電影《星際大戰》中，莉亞公主的那段全息投影嗎？「幫幫我，歐比王．肯諾比。你是我們唯一的希望！」如果我們從這個全息圖像中的一個畫格抽出一個像素（假設是莉亞公主裙子上的一個像素）並檢視這個像素，我們預期看到的是一塊布的一個像素。但根據全息理論，你真正會看到的是莉亞公主的整個全息影像。全息圖的本質是在圖像的每個片段中都可以發現整個全息圖像。「一為全」——這段描述宇宙本質的神祕概念，在許多主流宗教的教義中都可以，這也意味著進行排列房間裡的每個人，都可以接收到形態形成場中所有的系統訊息。

科學總結

現在，我們可能擁有回答排列如何運作、珊卓拉如何傳遞祖先訊息、珊卓拉外婆的代表是如何知道要做什麼等問題所需的背景資訊，以及這個觸動的洞察如何即刻永遠改變珊卓拉的現實。準備好了嗎？

1. 神經科學＝解釋珊卓拉如何在排列中體驗瞬間的感知轉變，打斷舊的思維模式，永遠改變她的個人現實。
2. 表觀遺傳學＋形態形成場理論＝對珊卓拉將祖先的思想和行動模式帶入她當天體驗和排列的解釋。

3. $E = mc^2$ ＋纏結＋全息宇宙＝排列（認知場）是如何產生的答案。它是由量子能量和訊息的纏結場組成，包括珊卓拉家庭系統的訊息。

4. $E = mc^2$ ＋纏結＋全息宇宙＋意念＝珊卓拉對療癒訊息的發現，透過她對量子領域意念的影響，將排列中的一切相互連結，並為呼之欲出的答案奠定基礎。

5. 形態形成場＋$E= mc^2$＋意念＋纏結＝珊卓拉的外婆代表「知道要」喝水，然後離開排列。

多年來，我執行過數千次排列，見證了數以千計的突破和無數令人驚嘆的覺醒時刻。我看過許多人的生活在極短暫的時間裡發生了巨大的變化，並目睹這種轉變一次又一次地發生。現在，你剛剛獲得了一些關於目前已知運作原理的最佳科學解釋，只有時間和更多的研究才能證明這些解釋是否準確。

系統性墊腳石＃6 體驗科學和場域

能幫助你將本章所有訊息匯總在一起的最佳方法，就是去體驗所讀到的內容，要做到這一點，最佳方式就是進行一次排列。

在系統性墊腳石＃4中，我邀請你進入並查看你的家庭系統。現在，你將使用任何其他系統或問題來做同樣的事情——也許這次你想探索商業關係，或查看工作中讓你卡住的特定問題或事項。

請訂定出所有你希望看到、想與之互動和探索的系統相關元素，然後以你覺得合適的方式擺放它們，不要想太多。接著，利用地板或桌面為這個系統進行安排，觀察、觸摸和重新排列這些片段，注意每個元素之間的關係，感覺誰參與其中、誰沒有，感受元素、人之間的關係。

你就是「閱讀」此場域的人，請感知其中的隱藏量子訊息，就是偉大的領導者在說「跟隨自己的直覺或內心」時所指的內容，他們以超越物理證據的方式感知周圍發生的事情，心態開放，受到啟發的心思會在一個全新的層次上進行創造。

4

實用魔法

（也稱為轉化）

我們常將瞬間發生的事情歸類為「魔法」，因為我們摸不著頭緒、想知道「這到底是怎麼發生的？」魔法難以言喻的本質引起了我們的注意，並喚起一種驚奇感，令人難以置信的美好發生了——新的事物出現在面前，激發出的洞察讓我們得以微笑和成長察。就彷彿我們拿著黃色蠟筆，在剛剛上色的藍天上塗鴉，結果並非一團混亂，而是出現了一片綠色天空，太美了！

這就是當我們真正意識到人生時，人生的真正樣貌，剎那間千變萬化，一片全新的天空浮現。但我們往往會陷入思緒、感覺和信念的模式中，這些模式似乎不可能有轉化。我們認為天空只能是藍色的、不應該在線條之外上色或混色、害怕做錯事或做出不同的舉動。儘管藍色和黃色都在蠟筆盒中，但我們還是錯過了創造綠色的魔力。

然而，我們其實渴望更多——更多的顏色、更多的機會、更多的能力、更多的自由。我們渴望變得更偉大，娛樂業對此體會至深，不斷地提供充滿魔法和冒險的世界，像是《星際大戰》、《曾經。愛是唯一》、《神仙家庭》、《魔術師》、《少年魔法師梅林》、《哈利波特》……無窮無盡。我們知道自己擁有不可思議的一部分，卻似乎無法像那些虛構出來的英雄那樣找到途徑。我們在山坡等待一個神奇時刻、一道從天而降的閃電、在玉米田中與外星人邂逅，我們一直在向外尋覓，而不是向內尋求。

我們忘記了魔法始終來自內心，未曾期待從自己和日常生活的事件中找到魔法，更不用說那些費盡努力、想要對我們訴說的多代家族歷史了。即便我們經歷了一些令人驚奇的事情，往往也會很快將之歸因於巧合或幸運。

我們期望有魔法，但又被教導要恐懼它。很久很久以前，「魔法」一詞在最壞的情況下帶有「魔鬼成果」的色彩，在最好的情況下是純粹的愚蠢和一廂情願，迷信的恐懼使我們的注意力從自然界和自身許多奇妙、令人驚訝的事物上轉移。在上一章中所探討的那些科學理論，之所以繼續被貼上「荒謬」的標籤，並非因為沒有強有力的科學證據支持，而是因為在恐懼和懷疑中，我們認為「這是不可能的，不可能這麼怪誕和容易！」

此外，數百年來，許多全球宗教訓練我們相信自己是毫無價值的罪人。我們也確實相信自己無法過著絕佳、喜悅的生活，而且也不值得擁有，這甚至是該要恐懼的事情。「我什麼都不是，而且也不配」這個系統句在全球大部分地區運行，但它沒有讓任何人得到好處。

「成功」並不是自誇或野心，我所認識的最偉大的人無論性別都很優秀，他們向別人展示了生命的可能性，鼓勵周圍的人追求卓越，因為他們知道這是可能的。他們知道超越限制和恐懼，可以帶來難以言喻的祝福，因此希望與其他人分享這種體驗。他們知道轉化不是一廂情願的想法或身心靈界的謊言，而是一種實用的魔法。他們知道更偉大版本的自己就在內心，等待被實現。

請讓我以喬治為例。他對人生不抱理想、憤世嫉俗，正如他自己所說的，他「擁有的存在感和好奇心跟一隻迷你老鼠差不多」。從他有記憶開始就不曾快樂過，喬治知道把事情做好、成為一位好公民是職責，但幸福不在他的規劃上。多年來，他參加了許多轉化活動，這些活動只會帶給他大約一個小時的良好感覺，然後很快又恢復到過往的舊感受。

在得知系統性工作和排列的存在後，喬治帶著不情願的好奇參加一場活動。他忍受著一開始的理論和資訊，並挑戰自己所聽到的一切，他本來認定這是另一個死胡同。

當我們進行第一次排列時，莉莉分享了她與哥哥之間痛苦的疏遠關係，這樣的分享雖然讓喬治感倒退縮，但他對於問問題的方向產生了些微興趣。我們在設定排列的時候，他很驚訝莉莉要求他代表她的哥哥。他沒有做任何情緒表露，幾乎想要推辭，但為時已晚。他不情願地進入了排列，讓莉莉安排他面向窗戶外面。

「你哥為什麼背對著你？」我問。

「我們曾經很親密，但他離開家人有段很長的時間。」她回答：「自從他去海外執行一次軍事任務後，他就變了。」

喬治一邊聽，一邊突然覺得喉嚨一緊、雙手開始顫抖。他這輩子第一次沒有把事情分析到淋漓盡致，而是讓自己沉浸在席捲而來的感覺中——這是他以前從未經歷過的感覺。

我問他有什麼感覺。

他說：「我感覺擔心和恐懼感在我的胃跟胸膛中積聚。」然後指了指自己的前方。

一個新的代表被安置在他所指的地方，他發現自己指向越來越多空位，當每個地方都坐滿新的代表時，他也發現自己被吸引到圈外，走到新代表們站的地方。我問他是否可以回來，他搖了搖頭，向其他人站的地方靠得更近。「我屬於這裡。」他說。

莉莉淚流滿面。在戰爭中有許多未竟之事，那些沒有機會進行的對話、被遺棄在後的同袍、在戰役中失去性命的友人。戰爭自成一個系統，當軍人回家後建立起一個與戰鬥和戰爭相衝突的規則時，他們可能會被夾在兩個系統中。戰爭中可能出現的狀況是不允許在平民生活中發生的，戰爭醜陋的那面被排除在觀點和認知之外，除非曾發生在歸鄉軍人身上的事情被提起、被給予該有的位置，又或者他們與逝去夥伴共同完成目標的渴望獲得滿足，否則回鄉軍人往往會迷失。並不是他們看不到自己的孩子或家人，只是他們仍太過專注於「他方」。

對莉莉來說，有這一點覺察就足夠了，看到「哥哥」代表做出的行為後，她突然覺得不那麼疏遠了，自己可以做點什麼，試著用完全不同的方式與哥哥交談。站在排列裡，她回報自己的思緒立刻從「我無能為力，我是個壞妹妹」轉到「這不是我的錯，並不是他離開了我們，而是他還沒有找到回來的路」。她感覺肩上的重擔被卸下，一種平靜感旋即取而代之。

然而，喬治則是體驗到完全不同的狀況。他說：「大壩潰堤了，無法阻止。」他抽泣了很久，感覺不是為了自己哭，而是為其他很多很多的人。原來喬治的父親也是一名退伍軍人，當年他快樂地離家從軍報國，但返鄉時內心卻沒有任何喜悅。他在戰場上目睹過太多事情，返國之後就只睡在自己的房裡，也經常在做噩夢的時候吼叫。喬治說：「我們家不過聖誕節或慶生的，因為我父親說，雙方都有太多人喪命，沒有什麼值得高興的。他教導我當一個好公民、努力工作、照顧他人是我的責任，但快樂不在其中。」

在那天的排列活動中，喬治意識到他非常渴望讓父親看到自己，他無一例外地服從父親的教導，也包含「人生中沒有喜悅」的命令。年邁的父親如今住在療養院，還罹患了老年痴呆症，喬治也失去了生活的目標，他對自己的財務處理得宜，但除了悶悶不樂地照顧別人外，不知道如何處置他的財富。

進行這些討論的時候，我提到很好奇如果安排喬治、他的父親和歡樂的代表進入圈子，會發生什麼事？房間裡很安靜，喬治猶豫了一下，但同意了。我們請代表們在有需要時移動，喬治的「父親」便離開了圈子並背對大家。「歡樂」跟在他身後，但停在圓圈邊緣，過了一會兒「歡樂」轉身看著喬治的代表。我請喬治上前取替他自己的代表。

喬治站在那裡看著父親良久。「我不能再這樣做了。」他終於哽咽地說，「我看到發生在父親身上的事情，而且我也變得越來越像這樣。」他擦乾眼淚，平復心情直到能夠開口說話。「我想我真的很想把快樂帶回生活中，我想為大家帶來微笑，也看到他們微笑，並在自己的心中感到快樂。我知道父親無法做出不同，但我可以。」

就是這樣，轉化！喬治就在此地為自己重寫了生命劇本。他看得出來父親不會希望他過這種無趣的生活，他對新事物說「好」，但不去排斥或否認已經發生的事情。喬治透過排列體驗了另一種可能，內心豁然開朗。他明白，「不快樂」這個責任是對父親的一種愛和連結，但他現在想以不同的方式榮耀父親，去選擇一個不同的事實並讓它成長。他在沒有抵抗的狀態下點頭答應，而他的生活就改變了。

後來，他回報自己為那些因戰爭失親的孩子設立獎學金，並向他們講述了自己父親的故事，讓他們也有機會擁有體驗理解和快樂的贈禮。他說：「我喜歡看到他們在知道自己可以快樂時，臉上出現的笑容。」

我們就是魔法師和巫師

我們真的就是巫師和魔法師，每天都用自己所用的詞彙、堅持的信念、想法、感受以及從生活事件中獲得的意義來施展「咒語」。「咒語」只是意指我們所創造的模式、心態和真相的另一個詞彙，而施咒的對象就是我們自己和周圍的人。

我的客戶阿莉克斯就是感覺不好。她經常會覺得自己「不好」、害怕和拿捏不定，她告訴我很多次她不知道自己是否會好起來。有一天，我問她這些話是什麼時候開始的，她想了想，瞪大了眼睛：「從我得知父親得了絕症那天，我轉身對我的直屬主管說：『我是不會感覺好起來的。』」

她說、她感覺，然後她把這一點變成自己的真實。她施展了咒語而且將它吞了下去，一切都只發生在幾秒鐘的時間。在此之後，每當覺得傷心或有事情不順遂，阿莉克斯就會強化這項宣言，覺得自己不會好起來的思緒力量層層加疊。生活再也不令人感到豐盈或興奮；她很不好。

我們檢視了所有她因為那句話完成的、未享受過的事情，然後我問她「不好」是否真的是她當下的現實。令她驚訝的是，她意識到這句話不再合適自己了。她進行了一趟很走的散步，邊走邊大聲對她已故的父親說話，讓他知道自己過得很好，感謝他陪伴自己成長。她說：「你給我力量，讓我完成了這麼多事情。當你過世時，有一部分的我也想隨你而去，但現在，是時候讓你知道我好好的了。」

阿莉克斯打破了她所創造並大量投入的心態，隨著她新獲得的平靜和一句「我做得很好，我很好」的新句子，她感覺一種沉重感離開了自己的內心，而且立即被一種自父親離世後從未有過的自由和快樂取代。

咒語可以把我們緊緊鎖死、動彈不得，咒語可以讓我們一飛衝天、高興得頭暈目眩。身為咒語製造者，我們需要意識到自己的力量，並不斷反思自己的思想和行動。「我是在用這個想法打造天堂還是地獄？」是一個可以用來不斷詢問自己的好問題。

系統性墊腳石 # 7 發現你身體的指南針

你的身體是一個準確的指南針，將你指向個人真相。它透過你的思緒、信念、行動、反應、感覺、健康狀況和症狀，在你的一生中告訴你各種關於自己和系統的事情。

有一個快速方法可以體驗你的身體指南針，以及過時模式（一個限制性的「咒語」）和那些試圖透過你出現的模式（一個可能性的「咒語」）之間的差異。請拿出兩張紙，在其中一張寫下你認為「應該」做的事情；在另一張寫下你「渴望」做的事情。

將一張紙放在房間的一端，另一張放在另一端。請站在兩張紙之間，接收你的感覺。哪個方向正拉著你靠近？腦海中的聲音是如何告知你各個選擇？試著分別靠近其中一張紙，當你這樣做時，請注意自己感覺以及身體的哪個部位感覺到它。是不是感覺很熟悉？你是怎麼告訴自己的？這種感覺是從什麼時候開始的？請注意你所聽到的。那些聲音在說什麼？它們讓你感覺如何？

發現自己感到喜樂和幸福、或充滿感激時，你就知道自己的方向正確。詢問自己：「如果我全心投入，生活會如何改變？」

透過快樂、感激和興奮來創造

你的轉化魔力非常巧妙地隱藏在能見之處，它始於你的家庭和其他系統，透過你的痛點、厭惡與喜好進行表達。你所要做的就是意識到痛苦和厭惡是舊模式，已經過時了。它們在請求你放下、釋放「咒語」，並開始將它們當成智慧源泉，然後留意你喜歡什麼、渴望什麼。那個裝滿夢想的手提箱充滿潛力，它只是在等待你選擇它一起同行。你的夢想、慾望以及所嚮往的一切，一向都是隱藏著寶藏的地方。系統需要你「想要」並想像未來，這就是它們茁壯成長的方式——你就是造夢者。

當我想要完成或體驗一些能帶給自己快樂和滿足的事情時，我會充滿興奮和冒險感。在這種高漲情緒狀態中，我會很生動地去想像擁有自己想要的事物。我感覺並感受「成為那個『擁有』並『做出』讓我興奮的事物的人」。我放輕鬆，不去看可行性和可能有的障礙。我允許自己進行一次想像中的冒險，將自己完全置身於新空間，試試看盡情發揮創意，就像試穿一套新衣服那樣。

如果我真的、真的很喜歡自己所創造的東西，那麼就會開始找出自己能做到的最小嘗試來進行體驗，這些嘗試通常是一個句子、一種覺察或一種喜悅和期待的感覺。隨著內心的迷你冒險逐步醞釀，我感到更快樂、更感激，而越是感到感激，就越能滋養這種感激之情，我的期待就越接近現實。簡而言之，我現在有了方向、目標和越來越積極的動力。

「白日夢」也被稱為創造性冥想，是發現你希望體驗並顯化的事物的關鍵。你不是在浪費時間，而是有意識地投資自己和夢想，並以輕鬆享受的態度進行。進行創造性冥想時，玩樂至關重要，因為它不會警告你的腦袋、煽動你想起所有可能讓你「無法擁有自己所企盼事物」的理性原因；它降低了抵抗。

當我逐漸發覺自己夢想成真時，就會對於任何可能限制想法、感受或造成阻礙的事物非常警覺，我會立即開始改變或關注它們。我會點出它們的存在、把它們寫下來、放在眼前，這樣就可以與之互動、感受、看看它們想陳述什麼，並解決任何不完整的地方，這樣我就可以改變。我會著手進行本書中介紹的練習，觀察限制部分可能來自何方，並提醒自己「我現在可以改變它」。這是我生來要做的事；「我」就是使用創造力來成長和轉化的魔術師。

我越是喜歡自己正在創造的東西，就越能指引自己：我可以實現什麼目標，也越接近自己的夢想。

系統性墊腳石#8 好玩的、充滿創意的冥想

好了，讓我們來點樂子！請關掉手機，找個不會被打擾的地方放鬆一下，花點時間和夢想一起玩——這麼做會讓你興奮到極點，這是你一直想做、想擁有或成為的事，請不要限制自己。你會知道自己什麼時候做對了，因為會感覺身體裡的興奮之情正在成形。你會感到快樂和滿足，搞不好甚至會流口水呢！

深入其中、放肆自我、不要退縮，但最重要的是，請去感覺你就是那個版本

的自己。沉浸在內心出現的感覺中，讓它們充滿全身。跟隨它們，看看它們將引導你至何方，會為你產生什麼樣的畫面。如果有東西引起了你的注意並引起內心一股「沒錯！」之感，請記住那個畫面和感覺，在白日夢中打造關於自己的清晰畫面和感覺。

你正在創造一個新的真實，它脫離舊的系統模式，是新的你的一部分，超越了所有「不該」和「不能」的事情。這就是你如何融入新現實並創造新的情緒DNA的方法，請連續這樣做二十一天，看看會發生什麼事。

PART

TWO

跟隨線索

FOLLOWING
THE CLUES

5

揭露隱藏的寶石

症狀就是金礦

我們使用並創造模式，將之作為導航人生的一種方式。比方說，你的母親一直把「沒有人喜歡多嘴的人」掛在嘴上，某次你因失言而被對方斷絕往來，從此便認為媽媽說的是對的。從那時起，你會不自覺或有意識地接受「說出來很危險」、「好人就該保持沉默」觀念。身為一個成年人，你可能擁有很多值得分享的知識，但因為你為了確保不得罪人，採取了有禮貌且安靜的模式，保持沉默。

這種模式可能在很長一段時間中對你非常有用，你甚至可能被稱為安靜、深沉、深思熟慮的人，你說不定還把它當成一種榮譽徽章，或者告訴自己：「沒有人懂我。」你可能會發現自己對於其他人的膚淺感到憤慨或輕蔑，並因為無法分享自己的智慧而越來越沮喪。

請記住，這種習慣可能源於幾個世代前一位被噤聲的祖先——這個人可能因為「自己的觀點」而被排除在家族系統之外。當年家族對於「暢所欲言」一事提出警告，也許有其道理，但傳承了好幾個世代之後，如今你仍根據這古老的模式做出反應，就顯得不合時宜了。我不斷告訴客戶，事件的細節會隨著時間逐漸消失，但症狀會變得越來越顯眼，直到它們被看到、解決和整合。

假設說，在令人恐懼的納粹佔領期間，為了避免被逮捕和關進集中營，我們被迫噤聲並養成保持低調的習慣。過了兩個世代後，我們已經不再需要這種高度自我貶低的模式，它成為一種障礙，而你對自身模式的忠誠使你無法過充實而美好的生活。正如著名的系統方法教練迪科洛（Anton de Kroon）所言：「這一開始是為了解決什麼問題？」

在接下來幾章中，我們將探索人生中並存的兩種模式：想停歇的模式和想出現的模式。每個人都在為其他人服務，在你的日常生活中，其中一個、或一些模式很可能很活躍。「想停歇的模式」會透過各種症狀通知並激勵你，「想出現的模式」會幫助你調整並創造新的模式。

注意症狀

當我們需要新事物時，「限制性問題」通常會在此時出現，成為強烈、有益的信號。你內心有一種模式正在試著停歇，它的用途已經從「積極保護」轉變為

「後天習得的限制」。你一直以來都保持靜默，現在內心有某些東西正在爆發。你對別人的話語所感受到的惱怒和憤怒都沒有錯，不需因此感到負面，這是生活在召喚你進行新的冒險，嘗試新的生活方式！舊模式在你身上佔有一席之地，不能被排除在外，它也沒有對錯之分，畢竟是它帶著你生存至今，但現在舊模式發出訊號請求你解決成因，繼續成長。

試圖停歇的模式通常會透過症狀來表現，這些症狀與你的內心願望相吻合，會點出那些在系統中想要被解決的不平衡或排斥。在前述的例子中，靜默的人開始因自己所強化的「缺乏參與感」而出現惱怒、沮喪和憤怒的症狀，症狀（煩躁）正在尋找解決方案，並將繼續出現，直到轉變發生。

請粗略檢查一下在你的生活就能發現症狀——那些反覆出現的不愉快情緒、想法和其他試圖引起你注意的習慣。排列可以幫助你看到、感受、體現和解決這種冗餘的模式，讓你可以敞開心扉地創造一個新的模式。

讓我們來看看蘿拉的案例。蘿拉是七個孩子中唯一存活至今，其他人都早逝。她努力工作以獲得合理的快樂，但經常感到疲倦和壓力，她說這感覺就像「死亡在暖身」，表現出的症狀是難以擺脫的慢性焦慮。蘿拉的父母認為她是疑病症，因為她總是擔心自己的健康，經常去看醫生以找出問題所在。

我們為她的母親、父親、她自己和過世的手足安排代表，讓她可以看到、感覺並探索自己的焦慮模式。她的代表在其他兄弟姐妹旁邊坐下，並立即回報自己感受到了蘿拉常有的焦慮和其他負面情緒。

蘿拉最大的恐懼不難想像，那就是害怕自己會像其他兄弟姐妹一樣離世。如同許多其他有兄弟姐妹或其他家庭成員的個案，她有一個內在系統正在運作：「我親愛的手足，如果你們不能擁有一段完整的人生，我又什麼資格擁有？」除了產生深刻的焦慮之外，這個句子還會將人拖入倖存者內疚中。由於倖存者可能會無意識地忠於那些逝世者，他們會發現自己無法好好享受人生，另外也有些人難以成事（這是另一種常見症狀），一如他們早夭的手足無法過完人生。這些人可以完美地開始某項計畫，卻恐懼於完成目標，因為對他們來說這可能意味著「終局」。相反的情況也有，活著的手足在每件事上都加倍努力，就好像在為所有缺席的兄弟姐妹活著。

談到驅使她去看醫生的動機時，蘿拉說自己有個很清楚的感覺，一定有什麼地方出了問題，只是不知道哪裡。她需要一個答案，這樣才能放鬆下來、知道自己會好起來。

「你是什麼時候開始意識到這種不安的？」我問。

她臉色一變，淚流滿面。「我九歲的時候脖子痛得很厲害，痛得不得了，於是爸媽帶我去看醫生。醫生說他看不出什麼問題，但為了確認，建議我該做個電腦斷層掃描。爸媽卻帶我回家，從來沒有做過掃描。」

我們繼續探索這件事，蘿拉意識到她想知道身上是否有什麼父母沒有告知的可怕狀況，她可能會像兄弟姐妹那樣死去。她不想讓父母更擔心，所以對自己的恐懼保持沉默。因為她沒有問出自己需要問的問題，也沒有得到可以平息焦慮的答案，所以她自行得出了錯誤結論，也就是她「並非一切安康」。焦慮模式和「回去醫生那裡找尋答案的需要」持續存在，而且成為她身上的主宰模式。

當我們在排列中為醫生安排一名代表時，蘿拉的代表立即走過去站在他旁邊。蘿拉淚流滿面：「我現在知道了。我會一直去找醫生，是因為想得到當年沒從第一位醫生那裡得到的答案，並知道我是否會好起來！」

那個關於神經系統未曾被提出的問題沒有獲得解決，導致了數十年的焦慮。了解到一個未被提出的問題會使神經系統無法安定，蘿拉對此大開眼界，對我自己來說也是如此。她的可怕症狀有如金礦般寶貴，它們對她造成的困擾足以促使她擺脫對手足和父母的隱藏忠誠（她也不應該活下來），並且尋找答案。當她這麼做時，答案就在她的系統中。

蘿拉對於自己如何解決系統性家庭問題的方法感到驚訝，很快就從焦慮和疲憊轉變為以熱情謹慎地面對人生。最近，她（帶著燦爛的笑容）與我分享她身邊的人告訴她，她是相當積極樂觀的女子！

希望停歇的模式

想要停歇但無法解決的模式，會點出系統中需要完成或解決的問題：需要被回答的問題、需要完成的對話、需要補救的排除、需要被關注的決定，讓平衡能在系統發生、解決這個模式。

請寫下一個對你來說非常受限的模式，例如：「我完全沒辦法維持一段關係」、「我一直缺錢」、「無論我做什麼，對爸媽來說都不夠好」、「我很難獲得應得的報酬」。大聲說出來，聆聽自己所言。注意你的感受並留心你的行為，特別是如果它們是帶著武斷或個人獨特性的。請精確寫下你使用的字詞。你能將這些症狀與特定事件連結嗎？觸發問題和症狀的不必然要是件大事。

一旦你判定出未解決、重複或排除的限制模式，最終就可以發現需要被看到的事物，然後去完成它。記住，請感謝它作為指引並讓你走到這一步。

溫柔地深入了解

我與他人一起進行系統性工作時，我會用不帶立場的耳朵和眼睛去傾聽、觀察正在發生的事情，創始人伯特．海寧格稱其為「從空曠的中心聆聽」。它的關鍵在於帶著純粹的好奇心觀看和聆聽，沒有任何預設。我觀察身體的動作和表情，聆聽話語，它們的語氣、重複之處、情感和氣息，所有資訊都在告訴我一個人的系統中存在什麼以及如何生活。我等待能激起我興趣的東西出現，想要更深入了解，也許會有針對一種模式的暗示。當客戶發洩情緒或不高興時，我會因為這個不尋常而感興趣，因為我知道他們即將看到需要辨識和解決的模式，好讓它停止。然後，我會按照提示開始提問，在三度空間中探索，查看症狀、導致的問題、以及想要停止的模式。

你可能感到絕望和動彈不得，可能會告訴自己：「我不能做我想在人生中做的事，我得做我必須做的事情。也許我可以睡個午覺，然後就不用再去想了。」這是什麼時候開始的？你當時發生了什麼事？你家裡還有誰可能有這種感覺？還有其他人曾經受困或絕望嗎？他們也無法做人生中想做的事嗎？是什麼需要停止？

請用放鬆的耳朵和眼睛聆聽、觀察自己，在尋找模式時請保持好奇而非焦慮。你的煩惱、沮喪、悲傷——不管是什麼，都指向了那個想要被看到的現有模式，這樣它就可以停止了。這都是線索，請不要拒絕任何東西，而是深入並了解它。你是自己天堂和地獄的創造者，也是數百年來其他人創造的天堂和地獄的寶庫。所有模式都經歷了幾個世代的人（這些人在系統中尋求平衡），等待有人弄清楚並跨出那一步。它們已經找到了進入你生活的方式，希望你能發現它們，並意識到你就是改變的推動者。

問問題

試圖休息或停止的模式所引起的症狀通常會與你生活中的過去事件或祖先的生活有關，這個模式可能充滿了注意事項、警告和隱藏的忠誠，畢竟這就是它得以保持活躍的原因。然而，只需一個簡單的問題就可以真正切中要害，揭露這個模式的相關性。「這個模式仍對我有幫助嗎？」並不是最終解方，而是敲門磚。如果這個模式已經沒有幫助，那麼下一個符合邏輯的系統性問題是：「現在是什麼對我有幫助？」緊隨其後的問題是：「針對這個模式，需要發生什麼事才能停止或改變？有什麼需要被完成或改變？」

需要被解決的通常是一種心態，這種心態是產生自對某個事件的不準確、受限或特定時空下的評估或詮釋，譬如蘿拉和她的祖母。坦白說，我對人類必須服從和「不願以犧牲幸福和進化為代價去提出問題」的內在需求感到震驚和著迷。我遇過太多合作過的客戶抱怨他們的父母、配偶或老闆有特定的言行習慣，但客戶們卻認為對此「最好不要多問」，他們寧可自行得出不精準的結論，想像別人的言行是在暗示自己有問題。然而，其實只要問一、兩個簡單的問題，他們就會意識到自己誤解對方的意思，並且無故承受多年不必要的痛苦。

我常會聽到太太對丈夫抱怨：「如果你愛我，就會知道我需要什麼。」強迫自己的伴侶猜心，真的是太瘋狂了！另一個很常見的例子則是「你知道你做錯了什麼吧！」呃，不，我不知道，但根據你的表情，我可能不想知道！

「臆測」通常是不健康的，但我們一直在做出臆測。我的客戶凱斯因壓抑不愉快而引起的壓力，導致嚴重的消化問題。我問他為何不跟人討論那些困擾他的事情，他看著我、好像我瘋了似的說：「我們家不談難題的，這不禮貌。」

在凱斯小時候，只要他認命地不抱怨、不要求想要的東西，就能得到父母的關注。他的父親從小就習慣取悅自己的父親，而凱斯的祖父非常克制情感，堅持小孩也要如此，總是告誡他們不應該有所求。孩子的任何情緒或請求都會被視為「黏人」，這也成為讓每個人都聽話的好方法。由於深入交談在家裡不被允許，所以每個人都只能臆測其他人在想什麼……這糟透了，沒有人快樂。對於凱斯來說，他的身體讓他付出了代價。

他厭倦了痛苦，準備放下所有的藉口，想看看需要停止或改變什麼。「那麼，如果你說出來，可能發生的最糟糕的事情是什麼？」我問。

凱斯整個人嚇傻了。不過，思考後他發現父母並不會因此與他斷絕關係，而且很可能會克服原本的那些不允許、不贊同。凱斯在過去一直是這樣被教導：探索挫敗感是放縱、糟糕的。現在他知道這些探索有其目的，而且很重要。他發現，其實善良和禮貌、直言不諱和擁有他想要的事物可以並存。他能夠看到舊模式如何協助他，在他的心中和意識裡佔有一席之地；同時，也承認他需要而且想要以不同的方式做事，以在他的家庭系統中擔任變革推動者的角色。

凱斯還了解到舊模式的某些部分對他有幫助，值得保留。他的沉默使他非常善於積極傾聽；另一方面，他放棄過去所學到的「不去發言」做法（他現在在他最小的孩子身上看到這個特徵），並開始詢問自己真正想要的東西。他發現生活中有很多想要的東西，這種新的思維方式在大腦中激發了一套完全不同的神經網絡。凱斯開始設計自己的思想、感受和行動，去適應他想要擁有的東西以及想要成為的樣子。由於凱斯不再壓抑他的恐懼、快樂、想法和慾望、害怕被拒絕，他的胃和消化系統問題在幾個月內得到緩解。在工作中，他的同事回報，由於凱斯能夠清楚地表達自己的需求和願望，他的領導讓人感覺更安心了；在家裡，他的孩子們一開始是感到困惑，然後正如他所說——孩子們被解放了。他們問了好多問題，讓凱斯頭暈目眩，不得不制止其中一些需求。但很明顯地，有一扇門已經敞開，一個舊的系統模式已經被打破。

明智地使用系統性工作

系統性工作和排列就像任何其他轉化方法，你可以拿它來責備和羞辱，也可以用來流動和成長。你越是能學會流利地使用這種語言，並先在自己身上使用，就會變得越明智。你是渴求進化的生物，請明智地處理你辨識和停止的模式，就可以同樣明智地處理你所打造的模式。

第一步是了解你的症狀其實是金礦，請尊重它們，將它們視為想要停止的模式的一部分，同時也是系統的一部分。不過，學習發現模式可能比看起來要複雜一些。症狀並不總是伴隨著明確的問題出現，確定真正問題以及讓你陷入困境的原因是一個過程。有時，症狀背後的明顯問題似乎根本不是問題；有時它就像剝洋蔥一樣，是一段發現的過程，讓你越來越深入心靈，去發現一個答案，然後被引導到下一個，然後再下一個。在下一章中，為了辨識核心問題的顯性和隱性層次，我們將會進行更深入的探討。

6

開採金礦第一步

辨識你的課題

大多數人都沒有發現我們生活中的每一件事都在持續直接對我們說話，暗示我們什麼是錯的、該如何解決，或者什麼是對的、該如何放大其效益。也許每天早上睜開眼睛時，會一種模糊的不安迎面襲來；當你在晚上結束工作時，可能會感到沮喪。也許你會感到焦慮或全面恐慌發作，也許擁有一段讓你對自己感覺不好的關係。無論症狀輕重與否，大多數人都認為他們的感受和直指的問題永遠無法解決，畢竟這就是人生。然後，我們看著其他人自我突破並成為新聞中的名人，希望自己能像他們一樣，好奇著他們是做了什麼，才能如此快樂和成功？

不幸的是，我們沒有被教導如何從自己的生活中尋找線索，取而代之的是被賦予一系列社會規範或宗教規則。這些規則理應要為我們帶來快樂，要是這件事沒有發生，我們就認為是自己有問題。從來沒有人教我們，自己當前的處境是來自沒有學會正確辨識和處理「祖先模式」和「個人生活事件」的結合，因此我們是可以解決它們的，只需改變「需要改變的事情」，人生旅程就會進入下一階段。我們通常僅是繼續運行相同的思想和感受模式，驅動相同的選擇和相同的行動，在路上重現相同的問題和事件，然後一直重複整個流程。

聽起來有點耳熟？如果你有意識自己被卡住了，或者症狀越趨嚴重，而且你無法查明原因、不知道要如何處理，又或者你無法找到擺脫重複模式的方法、發現自己陷於難以理解的棘手情況中——恭喜！生活正在推動你改變。這意味著你想要不同的東西並且願意改變，而手頭上的任務是準確地判別你卡在什麼地方、以及它為什麼現在如此執著和無孔不入。這是你轉化的重要一步。

冰山一角

在上一章中，我們研究了症狀為何能成為寶藏，因為症狀會引起你的注意，意識到某些事情已經發生。現在棘手的部分是發現當前的「真正問題」。

有時，看似問題的問題會演變成更深層次的課題，揭露最初的症狀只是更深層系統失衡的表面證據。簡而言之，你的課題涉及多個層面，當前浮現的問題（看似最明確的問題），都只是冰山一角，困擾你的表面部分掩蓋了隱性的課題，那才是你和你的系統有狀況的真正根源。請繼續尋找，你會發現讓你陷入困境的隱性問題或根本問題。一旦你敲開了那顆堅果並看到隱匿其中的事物，就可以掌握真正發生的事情，其他所有層次都會開始轉變以做出回應。在後面的章節中，我會告訴你如何利用根本問題來找到自己獨特的命運、成就和成功。但現在，我們的下一步是找到隱性的課題。

這裡有一個很棒的故事，可以幫你弄清楚「顯性問題」和「隱性問題」之間的區別。卡蘿來找我，想解決在職場讓她焦慮和沮喪的事情。她的老闆最近去世了，並留了一盞燈給她。儘管這是按照老闆的遺囑贈予她的，但有一位公司資深合夥人要求她交出這盞燈，對方將事情鬧大，並告訴卡蘿他們這些合夥人更需要這盞燈，將其移交是「正確的做法」。卡蘿選擇下班後把自己的辦公室鎖起來，這樣就不會有人把燈偷走，她也準備好要為了保有這盞燈而辭職。

現在，我們可以看到卡蘿身上出現的失衡反應相當有趣——為了一盞燈辭去工作。背後一定有其他原因，顯性問題是燈，隱性問題則需要進一步發掘。

卡蘿在描述這段故事時，眼淚開始流下來，並且拳頭握緊。我還注意到她的肩膀繃得很緊，在每句話之間屏住呼吸，雙腿緊扣、腳掌向內，就像小孩有時會出現的那種姿勢。這種身體反應並非是針對當下發生狀況所產生的情緒，而是一種由系統觸發的身體反應，所以我問：「你以前有沒有發生過類似的事情？」

「我總是要把屬於我的東西給別人，我不能一直這樣做。」她憤怒地說，咬牙切齒。

啊哈！我們方向對了。我提示她：「能告訴我更多嗎？」

「我有一個總是把東西送給別人的習慣。」

「這是為什麼？」

「因為這是對的事情。」她嘆了口氣：「我知道我不應該這麼自私，但我就不能有那麼一次滿足自己的需要嗎？」

從她的話裡你是否聽到了那些「應該」、「必須」和對自己的評斷嗎？「應該」通常傾向忠於系統規則，而不是我們自己的成長願望，服膺一套規則可以讓我們比沒有鑰匙的鎖頭卡得更緊！我問她為什麼必須一直把她的東西送出去，為什麼這樣做是正確的。她是對誰如此忠誠？誰的認可在這裡如此重要？

「我不擁有任何我喜歡的東西，總是不得不把我的東西給別人，但就那麼一次，我想要留下我愛的東西！」她脫口而出。

現在我們開始有跡可循了。看看那些點出歷史、模式和願望的話語，而卡蘿最後的那句話表現出一絲反抗意味，顯示她開始意識到事情本來的運作方式（當她能弄清楚那究竟為何）對自己沒有幫助。

「嗯，它只是一盞燈，我猜他們可能更需要它。」她繼續說，肩膀垂了下來。

「所以你認為你應該把燈交出來？」我問。

她點點頭，然後搖了搖頭：「不，這一次我不想。我知道我應該這樣做，但我不想這樣做，這就是問題所在。我不知道如何在做一個好人同時，還保留我喜歡的東西。我看到其他人都做得到，難道說這表示他們是壞人，而我是好人嗎？」

請注意卡蘿的掙扎和判斷，這是在「她所想要的」和「系統似乎想要的」之間的拉鋸戰。我經常看到個人意識和系統意識之間的這種拉扯，系統意識經常會勝出，因為它大多了，而且擁有我們慣於遵守的規則（這樣才有歸屬感），許多人因而陷入困境。你是否經常只為了遵循團隊的共識，而決定去做某件事？這就是系統意識勝出的時刻。

「那盞燈到底值多少錢？」我問。

她聳了聳肩：「沒多少錢，我不認為很貴。但對我來說，它有情感價值。」她的眼眶濕潤。「我無法告訴你法蘭克和我過去花了多少時間，在深夜依著辦公室裡的那盞燈加班工作。」

她解釋，法蘭克對她來說是一位真正的人生和職涯導師。他們之間是很嚴謹的柏拉圖式和專業關係，不過法蘭克曾帶她去吃過幾次昂貴的晚餐，而且曾在一、兩次出差期間，讓卡蘿看到了一個與她所安居、受限的環境完全不同的世界。

「我真的很喜歡，也很尊重他。他是一位真正的好人，但有一件事讓我很困擾。」

「什麼事讓你困擾？」

「嗯，他有很多錢，他有很多財產。」

「這為什麼會讓你困擾？」我問。

「我想不通他是如何成為一個優秀的人並擁有這麼多東西。」她頓了頓，顯然是想起了過去。「他確實曾告訴過我，認為我有很大的潛力，但似乎也有很多包袱。」

請注意「是好人但擁有很多財產」這個想法，卡蘿揭露了大眾對金錢的諸多誤解之一，這個誤解使他們無法與金錢建立健康的關係。一切都清楚地表明問題不在於那盞燈。她所有關於「做好事」和「擁有美好事物」的談話、提到「外面有一個不同的世界」和一個「擁有很多但看起來人很好」的老闆，清楚顯示出我們已經離開燈的話題，朝隱性課題前進。

為了看看會發生什麼事，我設置了一個排列，其中包含卡蘿的母親、父親、自己和那盞燈。父親代表離開了，對那盞燈毫無興趣；母親代表湊近那盞燈，饒富興致地看了看，然後雙手背在身後，彷彿在尋找其他人似的四處張望。卡蘿的代表看著燈、開始走向它，然後停下來看著她的母親。

「卡蘿，你還記得第一次不得不放棄自己所愛事物的狀況嗎？」我問。

「記得！五歲時媽媽告訴我，我必須把最喜歡的洋娃娃送給另一個沒有玩具的小女孩，那個女孩和她的媽媽、兩個姐妹住在庇護所。我為了那個娃娃哭個不停，媽媽責罵我，說施比受更有福，世界上有很多人比我更需要東西。她說這是正確的做法。」

從那一刻起，卡蘿認定她的東西並不是真正屬於她。她在五歲時決定停止去愛，甚至不再想要東西。長大之後，她甚至拒絕養寵物，因為知道自己可能會喜歡上這隻動物，而且牠隨時會被奪走。

後來我問起她的父母親，她說母親的家庭非常貧窮。她母親小時候，會和兄弟姐妹從遠親那邊得到聖誕禮物，然後大家再將這些禮物交給外婆，外婆重新包裝後轉送給其他的遠親。他們成了交換禮物的中心，從不為自己保留任何東西——甚至是真正喜歡的東西。

這時卡蘿明白了。「難怪！我們總是不得不放棄自己的東西，甚至是自己喜歡的東西，因為這是正確的做法。」

這就是隱性課題，她從小就被植入這樣的系統性程式，然而如今對她來說不再適用了。這讓她一直焦慮不安，她無法擁有任何東西、連錢都沒辦法，因為永遠有其他人更需要它。難怪她對那盞燈如此生氣，難怪她已經準備好因為一件看似微不足道的事情而辭職。

一旦卡蘿開始尋找，就可以看到送東西的模式是如何開始的，這是她外婆透過將聖誕禮物轉送給其他人，好為家裡挽回面子的一種方式，這樣她就不會被視為失敗者，而這個方法也透過她的孩子演變成家族裡的道德準則。卡蘿的母親繼承了這項傳統，透過尋找其他需要的人，向她的孩子灌輸將東西送給有需要的人的正確性。卡蘿忠實地重複這個模式，因為這個行為讓她的母親和外婆對她讚不絕口——她是聖人！但是一位非常悲傷的聖人。

卡蘿意識到這盞燈是當年洋娃娃事件的重演，而假裝什麼都不想要是她為了保護自己的心所創造的方法。她明白自己真的很想建立一個美好的生活，擁有一些她可以珍惜和享受的美好事物，而且不會因為自己是壞人而感到內疚。我問卡蘿改變這個模式的什麼部分最可怕，她很快回答說她不想放棄在母親和外婆眼中當個好女孩的想法。「那麼，如果這種模式繼續下去，會發生什麼事？」我問。

她想了一下後大笑：「我會有一個討厭洋娃娃的女兒！」

卡蘿已經抵達一個轉折點，這一次，她想要保留自己所愛事物的願望，比她放棄一切的願望更強烈，她感到的憤怒是必須停止某種事情的線索。資深合夥人只是另一個要她放棄自己所愛事物的家長，感謝這位合夥人的步步進逼！

這讓我想到了一個非常重要的關鍵。很多時候，生活中顯而易見的「肇事者」，只是讓我們意識到有個未被點名的問題需要解開和進化。請開始環顧那些困擾你的人並問自己：「他們為什麼在這裡？他們在觸發什麼？」他們很有可能是與「點出你需要轉變和解決的課題」有關。

一旦卡蘿的隱性課題受到釐清，她就可以清楚闡述在當前的世界中有什麼是不適合她的。揭露過程和真相有點傷人，但這也是一個轉折點。在看到系統編程後，她可以做出不同的選擇，隨心所欲。她從一個簡單的聲明開始了這段旅程：「我不會把燈還回去！我愛它，它屬於我。」

請注意

大多數時候，我們陷入困境是因為系統模式對我們的吸引力大於轉變的慾望。所以，當症狀和所指的問題現身時，請感恩有它。這是更高版本的你正在敲門、請求關注，表示是時候轉化了。

從「慣性」轉為「可能」時，出現的徵兆常常是惱怒、悲傷、憤怒和其他強烈的情緒。尊重並注意這些感受，當你生氣、心煩意亂和惱怒時，請深入了解。你正在不知不覺中設計轉變，雖然有時感覺就像觸礁一樣糟糕，但這意味著你和你的身體知道是時候做點別的了。傾聽那個呼喚非常重要，無論呼喚是以哪種方式出現在你面前。如果你堅持下去，它就會讓你擺脫使你停滯不前的原因，直接帶你去想去的地方、做想做的事情、成為自己想成為的樣貌。

系統性墊腳石#10 找到你的隱性問題

當你感到困住或不開心時，問問自己什麼是你真的不想要或不喜歡的，然後傾聽。問問自己：「現在什麼對我不管用？」金錢、人際關係、職業、習慣？這是你的顯性問題，請寫下來。

要提醒自己，有問題並不會讓你做錯事、顯得愚蠢或不值得行動，而是讓你意識到一切。這意味著你已經超越了自己當前所在，想要進入一個新的層次。請開始傾聽你的問題，那是行動的提示，而不是失敗的聲明。

此時你就像阿拉丁一樣，一旦你能找到那盞神燈，就可以準備摩擦它來許願了。就是如此，它隱藏在你課題中。

我們從小就學到不停抱怨會讓人沉淪到比較低的層次，如果我們是無意識地這樣做，或者是過度耽溺於痛苦中的話，的確會這樣。然而，單純承認「苦難是我們隱性課題的線索」並不是抱怨，而是行動。

你在不批判自己的狀態下，寫下對你已不再有幫助的事情之後，請接著自問：「我從什麼時候開始這樣子感覺、思考或行動？那時的我或周圍發生了什麼事？我當時感覺如何，我對那一刻發生在自己身上的事情做了什麼決定？」

同樣地，請不要批判任何出現的事物，請完全按照腦海中浮現的話語寫下答案；單字和短句也是線索。即使沒有意識到，但身為人類的我們其實是非常特定的。你針對這個課題塑造出了哪些不喜歡或限制？你對此有何評價？是對誰？是誰的錯？

回答完所有問題後，請圈出所有熱門詞彙、重複字、情感、主題和模式。寫下所有你能看到的模式，然後問自己：哪種模式最直接影響你現在遇到的問題？看看你是否可以將它與你第一次注意到發生這種情況的地方連結。

當你有了這個資訊，請觀察這是否是你或家庭中其他人反覆出現的模式。最讓你害怕的是什麼？如果持續下去，你的生活會如何？這種模式真的是屬於你的嗎？它是從你開始的，還是在系統更早就發生的？你是否對於保持系統完整有著無意識的忠誠？

探索議題的過程有點像在編織時下針，它會一直回到重複下針處。你必須看看自己身上發生過什麼，然後逐步挑選線索，這樣就會以一個完整的模式回到最初。當你遇到真正的問題時，這個覺悟會讓你坐在椅子上，因不舒服而睜大雙眼。

一旦找到了最有感覺的地方和問題，請勇敢地問自己最後一個問題：「如果改變這種情況，會有什麼好的結果？」這個問題將會成為轉捩點。

一切從你開始

我們有時候是模式的發起者，是創造情緒DNA的人，這些DNA會傳遞給我們的孩子和他們的孩子，可能以積極或消極的方式發生。當我們做出決定並確立使我們超越系統限制意識的方向時，就會產生積極的情緒DNA。有時我們可能會覺得自己搖搖欲墜，甚至覺得自己像個冒名頂替者，但實際上，當我們擴展系統時，我們就是先驅。

當一個事件具備極大的壓倒性，讓我們以它為中心產生限制性想法、感受和決定時，就會產生負面的情緒DNA。假設你曾遭遇一場嚴重車禍，後來發展出對汽車的恐懼，甚至無法進到車子裡，逐漸演變成對旅行和四處移動的普遍恐懼，你變得越來越足不出戶。這不僅會明顯影響你的成功和成就感，還會影響到家庭，你的孩子可能會開始重複這個模式。

總而言之，轉變模式——無論這種模式是從我們開始、還是在家族譜系中更早就出現——最終都取決於我們，我們擁有駕馭權。沒錯，情緒觸發可能很強烈、不舒服，現在社會上有很多關於「重新觸發情緒可能有害」的討論——主張我們不應該觀察是什麼困擾著我們，若是要這麼做就得輕描淡寫過去。然而，還是存在另一種可能：**觸發點是幫手**。它們為我們提供了需要改變的洞察，我們可以利用這些訊息來改善身心健康、進入我們所愛的生活，它們是超越恐懼和痛苦、走入創造的邀請。

一切都從你開始。正如一位古代智者所說：「醫者，醫治你自己。」如果你願意在沒有批判的狀況下暫時感受恐懼、煩惱、沮喪、憤怒和不耐煩，就會開始注意到你的身體和系統試圖提供的線索，這些線索總是在為你運作，然後就可以超越、進而理解，接著……就是轉化的時候了。

7

開採金礦第二步

探索你的課題

在我們深究如何探討課題之前，我想提醒一件非常重要的事情：人生遊戲是不受限的，你並非是被安排來到這個地球上受苦。你來這裡是為了體驗、學習、成長、享受和愛，然後散播並分享這一切。

無論如何，你的人生都是非凡的，並沒有設限你要成為誰或成為什麼樣的人。即便你是低收入者或所謂「低成就者」，這都不重要；即便你是似乎已經完成一切的億萬富翁，這也不重要。沒有人無法改變或改善自己的生活。

到目前為止，你所做的一切都是有價值的，就像你的家庭系統，你生活中的一切都有一個目的。這一切都有歸屬，這一切都很重要。你所選擇、經歷過或不曾經歷過的一切都把你帶到此刻，請不要批判它，而是要利用它。那些執著後悔、掙扎的人，那些挖掘洞察並繼續前進的人，就會在智慧和成就中成長。

請記住：如果你站出來，成長的不只是你自己，你的孩子和你所屬的社群也會成長。當你選擇繼續前進時，就為其他人創造了一條道路。你的目的感和決心越強，它就會越快讓你離開受限的情緒DNA遺傳，進入一個充滿全新可能的領域。

神聖的工作

大多數人一生都在縱容或躲避自己的創傷、設限和觸發點，去發現並探索個人問題是一項勇敢而神聖的工作，許多人對此感到恐懼。但我要在這裡告訴你，**轉化不一定是痛苦的**，關鍵是要意識到發生在你身上的每件事都是贈予。一切都是贈予，一旦你明白了這一點，探索就變成一個快樂的過程，裝滿陳舊繁重模式的包袱會變得越來越輕。

會有不舒服的時刻嗎？一定有，但它們不必然會對你造成限制。請讓所有感覺現形，讓埋藏在潛意識中的系統句浮出水面，它們都會告訴你一些事情。請允許任何出現的阻力現身，不要批判它，看看它會把你帶到哪裡。傾聽所有的系統句，它們是引導你走出使你陷入困境、不快樂舊模式迷宮的麵包屑。不要陷入預設批判或鑽牛角尖，例如：「好吧，我想我再也不會這樣做了！我真是個混蛋！」相反地，請問問自己：「我為什麼要這樣做，怎麼樣我才能利用它成長？」

請持續發展你的理解，詢問自己你一直在學著提出的問題。「如果我

（放棄、發怒、煩惱、退縮、奮戰、爭吵、恨自己……請自行填補空白），這樣將會帶我去哪裡？我家裡還有誰會這樣反應？這個反應如何為他們帶來幫助（或沒有幫助）？我想在這部分做點不一樣的事嗎？」

如果最後一個問題的答案是「是」，那麼你能做些什麼不同的事情呢？這些是探索問題的基本機制，也是在探索中所能採取的最健康態度，好讓探索過程變得有益且有效。

探索的範本

這裡我想分享另一名客戶的故事，或許你可以當做「探索範本」參考。六十多歲的凱瑟琳來找我，原因是在幸福地單身十三年之後，她終於下定決心要讓一個男人重新進入她的生活。然而，她也對這段關係的不確定性感到困擾，懷疑自己真的想要一名伴侶嗎？她過去的三段婚姻都相對短暫且令人不滿意，儘管三個男人都愛她，但離開關係的一直都是她，而且每段情感之間的單身時期，總是比凱瑟琳所擁有的任何關係都還要長。

「為什麼我總是不滿意自己挑選的男人？」她問：「當我進入一段關係，最後都會感到無聊，然後我就離開了。」

我詢問了她的成長經歷和家族史。她說：「爸媽在我四歲時離婚，那是在一九五〇年代中期的事，我總是對媽媽做出這樣的選擇感到困惑，因為我後來長大與父親重新聯繫時，我發現他是一個非常討喜的人。我完全搞不懂，為什麼我媽會為了嫁給一個家暴她的酒鬼而離開我爸？她可從來沒有離開我的酒鬼繼父，不管情況變得多麼糟糕都是，而且後來他們的互動真的是非常糟糕。」

需要被虐待而非被愛，這是我們將跨越世代尋找的線索，但首先我們必須找出在家族中是否存在著「離開男人」的模式。我問：「你的母親真的沒有離開她的第二段婚姻嗎？那你的外婆呢？」

凱瑟琳想了想，倒吸一口涼氣。「我媽其實澈底拋棄了她的第二段婚姻，無論日夜，她大部分的時間都窩在床上閱讀歷史小說和喝波本威士忌！」

所以，凱瑟琳的媽媽終究離開了兩位愛她的男人，而這樣的系統性飲酒往往意味著對人生失望，或一種我們無法面對的模式。接下來我們則開始探索她外婆的婚姻，在凱瑟琳誕生時，她的外婆基本上無法與家裡的任何人互動，包括她的丈夫，因為外婆在四十出頭歲時罹患了帕金森氏症。凱瑟琳說：「她就像一根鹽柱，不動、沉默、被移除。」

我指出，她的外婆和母親基本上都離開了自己的丈夫。

「哇，」她睜大眼睛說：「我從來沒有用這個角度看。我只看到她生病了，但她也真的離開了……只是用不同的方式！她們兩個都從婚姻中撤退了。」

有了這些訊息之後，我請凱瑟琳說出她想解決的問題，她提出下面這個更準確的問題：「我總是離開愛我的男人。」

接下來，是時候透過提出一系列系統性問題來深入探討這個問題了——這正是你要對自己的課題處理的方式。以下是我問凱瑟琳以幫助釐清課題的各種問題：

- 你對男人有什麼看法？
- 你對愛情有什麼看法？
- 你對親密關係有什麼看法？
- 你對分手有什麼想法？
- 你為什麼要離開男人？
- 還有誰離開了男人？（這會指引出你的無意識忠誠。）
- 如果你不改變這種模式，可能會發生什麼事？
- 如果你要改變這種模式，會發生什麼事？
- 你希望從中得到什麼結果？
- 你需要改變你的語言、思想、感受和行動中的什麼，才能得到不同的結果？

僅僅提出初步問題是不夠的。一旦你得到答案，就會出現一系列新的問題，這些問題將幫助你探索你的課題。以下是我從凱瑟琳的問題清單中所舉一個例子。

她對「你對男人有什麼看法？」這個問題給出直接且坦率的答案，而她的回答揭露了一切：「大多數男人都是白痴，他們很無聊，在他們身邊很痛苦彆扭。」她笑著補充：「嗯，我想這就是為什麼我不和男人談戀愛的原因。」

確實如此。在她回答上面列出的所有問題後，是時候深入挖掘。以下是我為了回應她「大多數男人都是白痴」的陳述而提出的後續問題。

- 誰是最初讓所有其他人付出代價的「白痴」？
- 如果你的濾鏡和真實是「大多數男人都是白痴」，即便可能性很小，是否還有機會出現不同的樣子？
- 你可能是用了什麼方法讓「最初的白痴」在心中佔有一席之地？你從最初的白痴那裡得到的一件好事是什麼？即使你只能說「這就是人生」，能夠識別出什麼都是好的。
- 你是否透過重複「無法擁有一個可愛的男人」來忠於外婆和母親？
- 你真正希望在身邊的是什麼樣的男人？
- 你需要停止什麼？需要開始什麼？

凱瑟琳幾乎沒有家族史可以繼續回答這些問題。她不知道親生父親的家族史，也沒有任何關於母親的家族訊息，只是模糊地記得外婆的父親是「一個卑鄙的王八蛋」。啊哈！她家族中的制約源頭顯然不只有她的繼父。

「你外公有沒有家暴傾向？」我問。

「沒有，他是一名醫生，也是一名真正的照護者。」她回答。

「但你繼父有家暴傾向？」

「絕對沒錯。」她回答：「他從來沒有打過我們，但會用言語非常可怕地辱罵人。」

如果孩子來自有施虐傾向的環境，他們對虐待和愛感到困惑就是司空見慣的事情。世界各地的社會系統句是「父母愛他們的孩子」，因此當父母施虐時，孩子會將「虐待」與「愛」連結。

「你媽媽有沒有告訴過你她為什麼離開你的親生父親？」我問。

「她確實說了一些非常奇怪的話。她說，『他太愛我了，這讓我感到內疚』。」

換句話說，凱瑟琳慈愛的父親和慈愛的外公都違背了可能始於外婆父親的虐待模式。雖然沒有辦法查明，但凱瑟琳的外婆可能對她的丈夫也有同樣的感覺，她藉由生病來離開的那個善良細心的醫生，因為她經歷過自己父親的虐待，導致情緒DNA已經將虐待和愛混為一談，現在她的丈夫表現出與最初的情緒DNA相違背的行為。

凱瑟琳的母親離開了愛她的善良男人並嫁給了酗酒者，藉此向自己的母親（即外婆）保持忠誠。凱瑟琳沒有嫁給施虐者，這已經打破了無意識的忠誠，但是，經歷過母親這段痛苦的關係所造成的種種戲劇性事件之後，與善良男人的愛情關係反倒讓凱瑟琳覺得乏味。

那麼，誰是最初讓所有其他人付出代價的「白痴」呢？是凱瑟琳的曾外祖父嗎？家族中的其他祖先？她外公？她的繼父？

「我不認識其他男性祖先，但我的繼父確實符合條件。他的判斷力根本是荒謬到不行，而且還一直要當『對』的那個人，即使他很明顯是錯的。我記得我小時候會想：『他不知道自己在樹立一個可怕的榜樣嗎？這個白痴什麼時候才會長大？』」

「有什麼方法可以讓你覺得男人不是白痴嗎？」我問。

她思考這個問題的時候，她意識到自己其實不認為所有男人都是這樣。「我在生活中認識過很多很棒的男人，包括我的三位前夫，他們是聰明、深情、正派的男人。」

「有沒有什麼方法可以讓你的繼父在你心中佔有一席之地？他做過什麼好事嗎？」

「這個嘛，他堅持要我在農場長大，」她笑著說：「在他的腦海中，唯一可以養育孩子的地方就是鄉村，所以我要感謝他讓我在大自然中度過了不可思議的十三年。在那個農場長大是我的救贖，為我的餘生定下了基調。」

「白痴」獲得一分。凱瑟琳有意識地承認自己認識的大多數男人都很聰明而且很有愛心，這讓她看到自己對「所有男人都是白痴」的直覺批判（也就是她最初對繼父的評判），那是一種基於在過往成立、在當下完全不真實的模式。了解她之所以效法母親離開男人的模式，僅僅是因為這段關係中沒有「趣味」後，凱瑟琳就能夠敞開心扉，接受建立親密關係的可能性，並開始想像什麼樣的男人會對她感興趣並維持交往。她開始敏銳地意識到，自己可以在不受虐待的情況下擁有趣味和快樂。

發現如何使用系統性問題來探索你的問題了嗎？當凱瑟琳帶著問題來找我時，「為什麼我總是對自己挑選的男人不滿意？」這個明顯的起點是關於男人和人際關係，以及她對這些議題的想法。提問的脈絡自然會從這裡展開。

如果你正在自行解決自己的問題，請在提出問題時盡可能身處當下並深思熟慮，然後回答時盡可能坦誠。錄音會比寫下答案更有幫助，因為說話往往比寫作更有自發性和真實性，然後聆聽你的回覆並提出相關問題。向下鑽研。當你挖到金子時，自然而然就會知道。

尋找贈禮

在探索問題時，要做的另一件事就是確保在你的旅程中尋找贈禮。對於凱瑟琳來說，她很難想像在充滿酗酒和暴力的虐待家庭環境中長大會有什麼贈禮。她想知道為什麼自己不能在親生父親的家中長大，因為那是一個讓人感覺如此親切和熱情的家。透過一些深入的反思探索，她意識到，雖然這很痛苦，但在一個由「白痴」掌舵的家庭中成長，替她提供了不可思議的自我反省、自力更生、理性和有能力的動力。她意識到，如果在親生父親的家中長大，她可能會變得更加自滿，可能就沒辦法經驗她現在所擁有的驚奇人生冒險次數。

贈禮並不止於此。她母親選擇「與施虐者困在家裡」，激發了凱瑟琳走出世界、從事電視業、四處旅行並過著幸福快樂生活的決心——而且無論有沒有丈夫陪伴都一樣。凱瑟琳最終明白了最初問題的系統根源，於是開發了一套新的系統句來生活。

「媽媽、外公和外婆，看看我能做什麼？我能找到答案，我可以快樂並擁抱生活所提供的善良和美麗！我可以充分發揮自己的作用，提升我的生活和他人的生活，讓這個世界變得更美好，我可以擁有一種善良而有趣的關係。男人很可愛，我歡迎他們。」這是多麼大的轉變。

DIY排列

系統性問題是你探索議題的第一步。在與客戶合作的當下，有時我無法完全了解正在發生的事情，直到我們建立一個排列並進入課題的3D版本。

同樣的事情也可能發生在你身上。如果你正在閱讀本書並在家中練習，但覺得自己卡住了，或在詢問系統性問題時好像遇到困難，建議你使用手邊的任何東西當做表示不同部分的標記，針對正在探索的問題安排一次排列，就像我們在「系統性墊腳石#4」所做的那樣。

建立排列的目的是將你的問題立體化並帶到現實，讓多種感官介入，使你可以看到、觸摸、替代、聽到和感知到正在發生的事情。將代表標記放在房間的地板上會很有幫助。你可以體驗某種針對特定情況的感受，這樣身體、大腦和心思就可以處理並重新連接你的新想法、感覺和行動，同時請記住，身心不是分開的。當身體經歷一場排列時，會提供一個新的框架供你的心參考。對事物的新看法可以立即改變你的整個心態，進而改變你的現實。

以我們習慣的方式在頭腦中解決議題的問題在於，我們無法感知諸如方向、連結、距離、參與程度、系統每個部分之間的關係等事物，也無法從多重有利的位置查看系統。所有這些立體的片段都提供了洞察，邀請我們對引發課題之原始事件的想法、感受和行為重新進行有意識的評估。

一場排列會創造具體的體驗，帶你去你想去的地方，大家都做得到。我沒有和凱瑟琳進行排列，因為她的課題僅僅透過系統性提問就很清楚了，但如果有的話，我可能會建議她設置以下不同類型的排列。同樣地，這是為你提供一個範例，說明你可以如何在家中釐清自己的問題。

凱瑟琳的問題：為什麼我總是對自己挑選的男人不滿意？

期望的結果：一段我很滿意的親密關係。

我們在尋找什麼：這種不滿意的模式屬於誰？從哪裡開始？該如何改變它？

1. 為你生活中所有男人建立一個排列，其中一定要包括一名自己的代表。請尋找模式和關係。
2. 為你、你的家人和你生命中的所有男人建立一個排列。不僅要看男人和女人之間的關係，還要看看讓你卡住的多世代模式中，女人和女人，以及男人和男人間的關係。
3. 如果有足夠的訊息，請建立一個你母親和她生活中所有男人的排列。

一旦你建立了一組排列，請開始尋找關係：誰與誰很親密？誰與誰很遙遠？你面前的這張最初圖像，會開始讓你深入了解可能發生的事情，並闡明你的問題。連結、關係和模式開始與那些討厭的內心獄卒、無意識的忠誠都會一起出現。

有一些告訴我「男人不會在戀情中停留」的女子，只是需要發現她們家庭系統中一個離開或迷失的男人。最初那名被留下來的女人可能說過這樣的話：「你不能依賴男人，他們都會不見。」接下來幾個世代的女性都忠於這句話，也就是忠於第一個失去男人的女人，她們的內在系統句可能是這樣的：「親愛的媽媽，如果你留不住男人，我也不會這麼做。」而當下所有的女性都在不知不覺中與家庭系統中的主宰句保持一致。

重要的是要注意，男性在這樣的系統中毫無機會。

如果你認為自己沒有任何無意識忠誠，請問問自己：為什麼喜歡喝不加糖的茶或某種糖果？為什麼你以某種方式投票？或認為有些事情很棒，但有些事情是不可接受的？

你在認知到自己的無意識模式和忠誠時，可能會發生幾件事。首先，你可以選擇有意識地繼續重複現在的忠誠，因為另一個選擇對你來說太不舒服了。在這種情況下，就交由下一個世代處理它，而你可以留在原地；或者，如果你有意識地探索你的問題，洞察、可能性、轉變和轉化的大門就會敞開。

系統性墊腳石＃11 DIY排列

如果你可以用來排列的空間有限，請在桌面上使用棋子或便條紙之類的東西，或者任何能給你空間感和方向感的配置。如果你有更多空間可運用，請考慮在地板上使用影印紙排列。你在系統性墊腳石＃4首次看到了一組排列，現在這組排列將增加方向層次，並將你的問題與原則相連結。如果你能弄清楚問題與哪個原則相關，就是解決問題和在系統中建立平衡所需的指標。「我不屬於」可以變成「現在我屬於」，「我付出太多」可以變成「我感激地接受」，「我總是要照顧每個人」變成「我也可以讓自己被照顧」。

在一張單獨的紙上寫下排列中的每個角色和組成部分，在頂部畫一個箭頭以確定方向，不要想太多。接著在棋盤或地板上以適合你的方式設置你的問題。（我要請你不要刻意想太多。第一次設置的佈局通常最能準確反映你的實際情況。請跟隨它，看著它展開。）

請記住，你現在所做的只是探索自己的問題。你正在尋找那些讓你的思想、感受和行動停滯不前的無意識忠誠（以及它們的主人）；你同時也在尋找模式。這個步驟還沒開始解決你所看到的問題，現在，你就只是單純人在當下，辨識和喚醒洞察。

如果想找到了解當下正在發生狀況的方法，請判斷這是關乎「歸屬」、「秩序」和「施與受平衡」三個原則中的哪一個（請參考第一章）。你可以根據需要添加更多排列的角色。

在你開始移動任何東西之前，請暫停一下、好好看一眼，不妨拍張照片，或者至少畫一張圖記錄。你必須留意第一個佈局，並能夠將它與最後一個佈局進行比較，這樣就可以看到發生了什麼樣的移動。

請專注於你的課題。如果你使用的是棋盤，請在移動時感受每一枚棋子。如果你是利用整個房間進行排列，請讓自己依據需求在房間內四處移動，並注意自己的感覺。

請寫下你所說、所想和所經歷的感受。一旦你心中有了這些系統句、模式和動態，請看看你是否能找到它們的起源，以及你是與誰同步。如果系統提示你移動任何角色，請繼續這樣做，直到系統動態想要停止。在每一個動作注意你的想法、感受、行動和洞察。

站在任何一個你想探索的角色的空間內或周遭，看看站在他們立場的感覺是什麼。繼續觀看和觀察，當你在探索任何受限或無意識的忠誠時，問問自己這讓你付出了什麼代價，並密切關注身體和大腦的反應。問問自己：「在我（受苦、壓力、小看自己或任何適用於此的詞彙）的方式中，我是對誰忠誠？」

在你通往自我核心的旅程中將經歷許多世代，過程中會遇到阻礙你前進的因素、發現一直存在的黃金，並揭露通往讓你驚訝的真正自我的道路。這麼做將會擁有力量去深刻改變你的世界，然後是你周圍的世界。解開你的鎖鏈，彰顯你的力量。

8

轉折點

轉化你的課題

正如之前提到的，系統的首要任務是生存，但它的最高理想是茁壯成長。許多排列工作會在問題解決時停止。模式完成、活動結束，你回到家，讓舊模式休息，同時讓所有新訊息用自己的方式進入你的心靈和精神。然而，許多個案在完成一個排列後會問我：「現在要做什麼？」我開始探索，然後意識到：「等等，我們是創造者！我們不想只停留在『完成課題』的階段，接下來的生命故事是什麼？」我理解到一個模式的完成是另一個新模式的開始，沒有完結就無從開始；沒有出現新事物，就無處可起始。因此，新舊兩種模式之間的轉折點就此誕生。

轉折意味著你正在改變方向、層級和視角。用系統的術語來說，你是在對自己的根基說「謝謝」，對你的翅膀說「你好，歡迎」。

一開始，「現狀」是你的嚮導（它們是你

不再想要的事物或想要離開之處），帶領你到了新的目的地（即你深深渴望的東西）。你必須清楚自己想要什麼，不必非得要是歷史留名的偉大成就，你也不必知道完整的結局為何，但這個目標必須是明確且可實現的，否則就會變成一個模糊的、無法量化的腦內幻想遊戲。更多樂趣、更多「自己的時間」、更多財富、更多的獨立性、更多的創造力，以上這些全都從你想要前往的那個方向開始。但你也必須以有創造性、可衡量的目標形式，給自己一個落腳處，例如：「我想一年去兩次海灘。我想省下一萬美元。我想要一段健康、幸福的感情關係。」

在第四章中，我曾談到轉化是多麼神奇。你辨認出一個模式，然後一切都在變化，生活再也不一樣！然而，轉化也是一個堅持、承諾和自覺工作的過程。沒錯，洞察在瞬間就發生了，它們可以改變遊戲規則，但你是必須帶著洞察向前奔跑，將它們應用到生活中，並透過教導自己做出不同的選擇、不同的思考、不同的談話、不同的行動，利用每一個選擇、想法、感覺、聲明、行動，來改變你的情緒DNA。

轉折的阻礙

有時候，儘管對自身課題做出了反抗，我們還是會深深地、無意識地深陷其中。我們被困在系統的故事情節中，感受著其他世代的感受和思考模式。受到系統的催眠，我們會在最後做出明知道對自己有害的事情，但這麼做的感覺如此熟悉（也因此讓人感到「正確」），所以我們仍舊屈服了。我們想逃離監獄，但如果要往前走，就必須朝著解決的方向前進。這不是要逃避某事，而是朝著我們想要的方向前進，並立足於「新方向」強大的系統能量中，讓它將我們從受限的系統信念中拉出來。

進步的最微妙阻礙之一，是仍然處在「渴望『想要』」的階段：你說自己想改變，或全心全意地想要某些新事物，卻始終沒有做任何事情來實現。這種情況的成因有可能只是時間點的問題，但更有可能的是，你對於所卡關的事情有著尚未解決的忠誠問題。你的心、頭腦和身體沒有處於凝聚的狀態。你雖渴望自己想要的，但對「卡關」範圍之外的事物不夠熱情，無法做任何事情來達成你的渴望。處在這個狀況下的人通常會告訴我：「我只是想擺脫困境。」有太多的能量仍然存在於舊模式中，導致他們還無法將這些能量投資於創造新模式。

要解決這個問題的系統性方法，首先是得意識到自己在做什麼，然後選擇一種新的想法，並接受它們。接著，去感受一種新的感覺，充分體驗它、給予它一個位置，然後找到一個想要執行的新行動，接著就去做吧。這個新行動不見得要是一件大事，請想想你一直想寫的那本書（或任何其他內心所渴望、有強烈吸引力的夢想）。我的意思是「非常認真地」想想，把那本書的內容從心裡掏出、寫在紙上是什麼感覺？那會不會就是你在實現夢想？感覺如何？請把這趟探險之旅放在心上，然後選擇每周五天提前十五分鐘起床，慎重地完成那本在你腦海中醞釀已久的書。「動力」是牛頓力學中的一種力，它作用在個人行為上的效果，可不亞於滾下山坡的巨石。

透過思考一個新想法、選擇它並投資於它，以及透過添加一種新的情感並擴展它，然後採取一個微小的行動來激發「可以做」的感覺，讓你超越過去，進而獲得動力。你沿路開始積蓄力量，有一天就會發現自己身處一個全新的境地。

另一個需要改變的阻礙就是「認為自己必須在開始之前，訂定好每一步和所有目標」。請不要那樣做，因為這樣只會害你在邁出第一步之前就先打敗自己。轉化是個奇妙的提升過程，讓我們一步一步來，留意並慶祝你踏出的每一步，無論它們看起來多麼小。有時你必須停留一會兒，接受「你想要給自己一些不同的東西」的事實，而且是有可能出現一些不同的事物。無論你是停留在這個新的真實上五分鐘還是五個月，然後才開始建立興奮和情緒，進而為你的道路提供動力、直到完成，這都沒關係，因為只要意識到還有另一種可能性，就是一個巨大的系統轉化。

以上一章的凱瑟琳為例。她對男人及親密關係的直覺評斷已經存在了幾十年，如果她認為自己的轉變必須在一夜之間發生，立刻就要拿起交友軟體，以結婚為目標開始編寫個人簡介，她很可能會因恐懼而選擇躺平。請記住，視角轉變或許會瞬間發生，但後續的觀點解析和情緒重新連結可能需要更多的時間。凱瑟琳並沒有認為自己必須立即用新發現的見解做點什麼，而是慢慢點燃她對於男性的驚奇感和欣賞，激發新的神經元網絡、鋪設新的神經和系統通路。創造和大方接受歡迎自己對男性的新看法，讓她不再處於防禦模式，逐漸變得更容易接受異性和「可能出現一段新關係」的想法。在她第一場排列之後的幾周內，一位非常聰明的醫生朋友便約她共進晚餐！

因此，請你們這些完美主義者和自認肩負重責大任的計畫者都放輕鬆，讓自己休息一下，深呼吸。請記住，第一個轉變只是個開始，讓它們落地生根並蓬勃發展。

人類阻止自己轉化的另一種方法，是讚揚苦難和鬥爭的價值。我們的社會中有相當多系統句支持苦難和鬥爭，例如：「一分耕耘一分收穫」（由女演員珍・芳達發揚光大）、「成功源於奮鬥」或是「活著就是受苦」（出自尼采的名言）。我們有時候明明可以清楚看到一個問題及其影響，卻固執地把這些傷害自己的東西緊握不放，這是因為我們深信自己應該受苦、受苦是有價值的、我們不應該讓別人獨自受苦，或者不該忘記在自己擁有當前成就之前所受過的苦。

這裡要分享跟這個議題有關的故事。克里斯蒂娜想在演藝事業上取得成功，但認為自己不配擔任主角。她從年輕時就一直背負著巨大的罪惡感，因為她曾被選為當地某部戲劇作品的主角，而當時的主要競爭對手在幾個月後去世了。沒有人知道那個女孩生患重病，但克里斯蒂娜從此承擔著「我沒有讓賢給這個女孩，讓她可以在過世前演出極度想要的角色」的重擔。

雖然克里斯蒂娜仍舊能完美演出自己在每個劇團、每次演出中的每一個角色，但永遠不會是女主角。她知道那名女孩離世並不是自己的錯，而她的痛苦和愧疚對自己沒有好處，但偏偏還是放不下。當我們為克里斯蒂娜、女孩和內疚的代表建立一場排列時，什麼事也沒發生。很明顯，有其他事情在背後運作，因此我添加了她父母的代表，內疚的代表馬上就上前靠近母親代表。

「為什麼你的母親如此內疚？」我問。

克里斯蒂娜淚流滿面。她是獨生女，但母親與她在感情上極其疏遠。一天，克里斯蒂娜無意中聽到母親對父親說：「我不配得到擁有孩子這種福氣！」她詢問父親這是怎麼回事，父親說，曾有喝醉酒的少女衝到母親駕駛的車輛前，因此車禍身亡。儘管母親被無罪釋放，但她完全封閉自己，再也沒談論過這起事故，好像跟著那個酒醉的女孩一起死去了。

「我記得她非常喜歡說：『以眼還眼，以牙還牙』。」克里斯蒂娜說。

我提醒克里斯蒂娜，有時候，當我們無法輕易與父母建立連結時，可能會找到一種悄悄與他們建立連結的方法——這就是克里斯蒂娜所做的事情，透過逝去的他人以及隨之而來的內疚，與母親建立連結。由於她的母親不願意放開自己的罪惡感，因此問題就變成：克里斯蒂娜能否做到母親做不到的事情？還是，盲目的愛和與母親遙不可及的連結使她無法放棄？

從社會的角度而言，內疚是一種可以被接受的情緒，有時甚至被認為是值得稱讚的，但這並沒有幫助。這個情況下的解決方案是讓過世的女孩在家庭系統中佔有一席之地，也就是找到方法讓她的死亡能以更深刻、有意義的方式被記住。這可以平息內疚感，並出現更高階的產物——目的。

轉折的另一個阻礙是因為「不夠好」或「不值得繼續前進」而感到內疚。這類型的阻礙會出現在我們的思想和陳述中，例如：「我不值得，我怕自己會把所愛的人拋在腦後。如果我取得成功，其他人可能會因此對他們自己失去信心。」「我可能會發現我和自己想像的一樣糟糕！」

對痛苦、內疚的無意識成癮，是對更龐大的全球系統產生歸屬感的一種方式，在這個系統裡，接受痛苦是不可避免的，甚至是令人欽佩的。想想基督教、猶太教、佛教中的某些傳統、女性、黑人、西班牙裔或美洲原住民，以及當今的白人男性，無論是生活在哪一個系統中，都很容易相信「轉化可能會讓自己失去部族成員的資格」。

超越這種心態的方法是讓後面這個事實填滿你的腦海：即便你起身反抗，也不會失去你原來的系統；相反地，你會擴展那個讓自己受困在其中的系統，你會很高興自己這麼做。當你這樣做時，系統中的**每個人**都可以系統性地改變自己的模式和心態。如果你不能為自己做轉變，那就為別人做轉變。

不願向前邁進也常常與害怕發生可怕的事情有關。「我可能會失敗，我可能會受傷！如果我承擔責任，事情都會落我身上！」如果出現這樣的「聲音」，會促成我們去想像最壞的結果，接著就會開始觀察系統中的某個人是否已經發生這種情況。家裡還有誰承擔了責任但結果很糟糕？這對你有什麼影響？一旦能判別出根源的事件，這樣的思考將有助於我們向前進，而不是原地踏步。

我最後想提到的阻礙是「你需要獲得許可才能改變或前進」的說法。我經常發現個案在排列中即將進入轉化的關鍵時刻，會停下來看我或其中一位代表，好像在請求移動的許可。在這裡我們要深入思考的問題是：我需要誰的許可才能移動或改變？如果我改變（或不改變），我會讓誰不高興或失望？為什麼這個動作讓我猶豫？如果我採取（或不採取）這一行動，最大的恐懼是什麼？

如果對某人或某事有足夠的忠誠，你就會聽到自己想出各種各樣的藉口：「你知道嗎？我對於現狀很滿意。」「那件事沒有那麼重要啦。」「我今天做不到，因為我太累、太難過、太生氣、太忙碌，或許改天吧。」請注意，如果你對「無意識忠誠的拉力」比「轉向其他事物的需要」更強，要麼就是你目前的處境沒有帶來足夠的痛苦以激勵你改變（一個當頭棒喝），要麼就是你沒有建立夠強大的情況或目的（誘因），好讓自己擺脫隱藏模式和無意識忠誠。

歸根究柢，轉化是很神奇沒錯，但它不是魔法，這是與耐心和堅持相結合的靈感和動力；是願意觀察，然後採取行動。如果你要花五十次、一百次或一千次來審視你的系統模式，那就去審視吧。如果需要一千個問題，那就問吧。樂於嘗試！永遠不要害怕做夢！痛苦是改變的強大動力，但是充滿熱情的幸福夢想和願望會帶你走得更遠，給你一個更壯麗的目的地。請不要害怕夢想，請盡量放大夢想，不要害怕去享受成果。

讓你的腳離開剎車

當你確定要停止什麼和要開始什麼模式，大腦和全身系統就開始重新連結，不可能再和過去一樣了。你可以製造障礙和阻礙、拖拖拉拉，但變化遲早會發生，無論是透過你或系統中的另一個人。我們前面已經討論過阻礙，那麼關於能輕易將課題轉換成目標的人呢？他們的做法有什麼不同之處嗎？

他們已經把腳從剎車上挪開了，沒有理由拖延；或者，他們對自己想去的地方和想要體驗的東西充滿熱情，所以全力以赴。他們知道自己想要什麼。這些人問的問題很清楚，沒有任何藉口。他們讓自己的想法自由流動，全心全意地感受當下；他們持續培養白日夢，而且通常也會心懷明確的目標。他們喜歡自己前進的方向，不會聽從唱衰言論。即使「過去」和「系統」不停對他們耳語（或大喊大叫），他們也會繼續前進。如果他們回頭看，那都是為了尋找智慧和見解，幫助自己在新的道路順利前行。他們不斷對夢想和任何能讓自己更接近理想體驗的事物說「好」。他們從焦慮和懷疑的狀態，轉變為清晰、堅定和投入。他們承認自己的「可是」但不被困在其中，同時也自問：「我需要做些什麼不同的事情？」

你可能聽過勵志演講者和身心靈導師談論「放手」，但他們沒有具體說明你應該放開什麼，這讓有些人感到困惑，因此，請容我揭開放手的神祕面紗。這代表你放下所有出現的藉口、限制性的觀點和條件，好讓完全不同的事情發生。我會透過兩種方式做到這一點：問自己現在的方式是否有效？如果無效，我會寫下自己的藉口和觀點，好好閱讀它們，並允許自己以不同的方式思考、感受和行動，例如：每段關係都可以好好運作、有錢人並不貪婪、我的智慧足以解決這個問題。然後我會提醒自己，新的答案要我找到它，我與自己達成協議，將舊的思維、感覺和行為方式擱置一個禮拜，讓所有舊的東西都離開，這就是事情開始發生變化的時刻。當我改變時，我的世界也在改變。

轉化不一定很困難，只要一步一腳印就能夠達成。好消息是，如果你正在閱讀這本書，應該已經有感覺更寬廣的生活和更棒的你正在等待。你所要做的就是做出改變並學會轉折。

轉折

轉折點就是變化的中心點。轉折的第一條規則就是：不要讓任何人為你定義你的目標、目的或路徑。你的目標、目的和路徑要由自己選擇。如果你想從小處著手，那很好；如果你想快點做出大事，那也沒關係。這是你的生活、夢想、選擇和旅程，如果你想聽聽別人的意見也很好，但歸根究柢，請永遠、永遠聽從自己的心、直覺和大腦，不要因為任何人的影響而讓你偏離軌道。

其次，從你現在的位置移動到想成為的位置，意味著你不能再成為受害者。當你清楚看到問題並做出不同選擇的時候，就進入了創造者的角色。透過發現你想要的東西、對它說「好」、大聲宣告後並朝著它前進，便能進入自己的力量。當然，這並不代表你不能有片刻的懷疑、不確定或感到挫敗的時候。這些感受是每個人旅程的一部分，只是你不能再扮演受害者，不能再讓那些舊的多世代感覺阻止你了。

這會不會有點嚇人？當然會。這樣是否有可能放手一搏，輕輕鬆鬆地快速前進？當然有可能，讓我們來看看漢娜的例子。

漢娜出席排列工作坊時，整個人充滿憤怒，不斷大聲批評她聽到的每件事，也抱怨她被要求做的每一項活動。她一直說出「那不在我的管轄範圍」和「我有權說話，而且我會行使這個權力」之類的話語。大家可以聽見她在休息結束後從走廊一路走回來的聲響，因為她每次都會攔下某個人，告訴對方她對此人有何觀察。漢娜持續採取破壞性的言行和耗損，等輪到自己進行排列，她差點就要轉頭離開。最後，她表示只要能背對其他參與者，就同意留下來進行她的排列。

她的課題是什麼？漢娜覺得從小在家裡就沒有容身之處，家人看不起她，不願意接受她。其他人都很安靜、彬彬有禮，但又冷漠。漢娜覺得很內疚和彷彿被詛咒一樣，她之所以參加工作坊，是因為急切渴望跟四個兄弟姐妹和母親連結並找到歸屬感。漢娜說：「我媽經常說『禮儀成就不凡之人，淑女就該安靜嫻雅』。她總是告訴我，如果我再安靜一點，就會表現得更好。」

然而，保持安靜不僅是漢娜做不到的事，更是她強烈反對的事。她宣稱：「如果有人有話要說，他們絕對、不可否認地有必要這樣做。」漢娜承認很多人都覺得她「有話要說」的程度太過分了，因此她在社交圈也延續了自己在家庭圈的孤立循環，無法在任何地方找到歸屬。

她的話語引起了我的注意，因為她的言行可說是風格完全一致。我詢問關於保持安靜的事，她告訴我，她的母親、阿姨和舅舅在重要時刻從不說話。家族有個廣為人知的事件，漢娜的舅舅發現有人在騙取家族企業的資金，卻還是沒有道破，他差點就毀了整個家族。

這在一定程度上說明漢娜為何堅持要發聲，但這並不能解釋她那喧嚣、苛刻、粗暴的性格。我們為漢娜、她的父母、兄弟姐妹、舅舅阿姨和家族企業設置了代表。家族企業的代表躺在地上，舅舅和阿姨走過去站在他身邊，最後在他身邊坐下。過了一會兒，父親代表躺在地板上，母親代表幾乎立刻就坐在他旁邊，手足代表則聚集在母親代表的周圍。這時，漢娜的代表回報覺得不舒服，想離開房間。

漢娜臉色蒼白，沉默了好一陣子，完全說不出話來。「該死的聲音！」她終於說出話來：「永遠都跟那該死的聲音有關！還有那該死的禮儀！」我問她這是什麼意思，進而重新揭開了一樁陳年往事。

漢娜那年才五歲，是她父親的掌上明珠，在父親生病之前，她的人生一直都很美好。有天下午，她和父親一起坐在客廳裡，而家裡的其他人則去對街阿姨家串門子。突然間，漢娜的父親摀著胸口倒在地上，她嚇壞了，急忙跑到阿姨家尋求幫助，她衝進客廳正要大喊：「爸爸需要幫忙！」但母親卻豎起一根手指放在她的嘴脣上——這是他們家用來提醒注意舉止和保持安靜的手勢。十五分鐘之後，母親才終於允許漢娜說話。

等大家趕回去打算施救時，漢娜的父親已經去世了。葬禮結束後，母親把自己關在臥室裡，消失了一個月，而這段期間兄弟姐妹不斷追問漢娜她為什麼不說出來。不過一個月之後，便再也沒有人談論這件事了。母親和兄弟姐妹一起為父親的逝世哀悼，而漢娜認為這是她的錯並把自己排除在外。

身為一個成年人，漢娜很清楚沉默不再是一種選擇。禮儀和沉默導致了她父親的死亡，她對禮儀、幾乎所有事情和所有人都感到憤怒。然而，這個家庭需要沉默和禮貌，因此她無法成為其中一分子，而讓情況雪上加霜的是，父親的去世是因為她的錯。漢娜不知道該如何處理父親的死以及當時的狀況，所以一直在大喊大叫、不同意和打斷別人。系統一直試圖透過她說話，但她不知道它在說什麼，只知道她沒有歸屬，她必須說話。有些事情必須停止，有些事情希望開始。

在父親去世多年後，驗屍官告訴漢娜的哥哥，他們的父親是當場死亡，沒有任何事情能夠救他一命，哥哥對此一直保持沉默，直到漢娜長大才告訴她。但是那時內疚和受到排斥的思維模式已然養成，在漢娜心中自己就是有罪的、被詛咒的、沒有歸屬的。

我在她哥哥旁邊安排了一名驗屍官代表，請他們告訴漢娜這不是她的錯。漢娜聽了之後開始啜泣，彷彿第一次真正聽到事實。她的代表在父母身邊坐下來，過了一會兒之後又站了起來，搖了搖頭。漢娜點點頭，解釋自己有意識地決定了：儘管這件事如此沉重，但她不能像母親和手足那樣陷入無聲的悲痛中。

我們看著眼前的畫面時，漢娜意識到兄弟姐妹們正忙著看著媽媽，而媽媽正在看著爸爸，他們看不到她。他們都卡死在這種模式中，並不是漢娜不好，而是他們在悲傷中迷失了，把注意力都集中在媽媽身上。漢娜目瞪口呆，因為她花了一生找尋的結論就這麼在眼前揭開面紗。由於現在聽到了驗屍官的說詞，她的罪惡感再也無從依附。

「這麼長時間以來，我一直在悲傷和內疚。」漢娜意識到自己與家人格格不入的理由，並非她想像的那樣。我問，如果她和母親、兄弟姐妹一起陷入深深、持續的悲傷和沉默中，會發生什麼事？這讓她稍微停了下來。

「我想我也會死；但相反地，我可以自由選擇其他東西，我做到了。我以為他們不想要我，所以我很生氣，我主動出擊，這給了我一條命。」她說。有注意到漢娜的結論在這裡開始發生變化嗎？看著眼前展開的排列，我詢問好結局會是什麼樣子？她瞪大了眼睛：「我不再害怕看到真相了。我不再害怕向其他人展現發生了什麼事情，或我是什麼樣的人。」

我問我們能不能把排列轉向，這樣她就可以在大家面前繼續。她點點頭。我們將排列移回圓圈並繼續。她在轉折點，但仍然專注於她不想要的東西，所以我又問了一遍。「好的結果是什麼？你想要什麼？」

「我想停止對我的家人大喊大叫。」她說，然後停了下來。「我從來沒有和父親說再見。我需要繼續前進。我想在重要的時候說話，但不是一直說，這樣很累。」漢娜的眼淚流了下來。

我們走到她父親身邊，請她告訴父親自己多麼想念他，以及多希望當年能救回他一命，但後來發現沒辦法。她說再見，父親的代表就退了一步，然後說出一個簡單的句子：「明智地使用你的聲音，這就是你的歸屬。」

「你父親是什麼樣的人，漢娜？」我問。

她擦了擦眼淚，吸了吸鼻子。「我爸爸？他說話很大聲、很自豪，而且他一點都不在乎。」整個房間的人都笑了，漢娜也笑了。

「我是我父親的女兒。」她說，房間裡大家又笑了，然後她變得嚴肅起來。「我是我父親的女兒。」她重複道，開始顫抖。「我是像他一樣熱愛生活的人。他說話的聲音很大，在我很小的時候就告訴我：真相會讓我自由。我還以為他瘋了，但是結果就在這裡！」

她看了看其他家人的代表，然後告訴他們：「我和爸爸有一樣的歸屬。」她的代表移動到更靠近家人的地方。

我問起漢娜的職業，這讓流淚哭泣的她笑了出來。

「我是公開演說家。」她說：「我的利基是為那些沒有發言權的人發聲。我是幾項大型公共事業的發言人，以揭露隱藏的真相和故意保持的沉默而聞名。」整個房間都沸騰了。

她又笑了：「我沒有意識到我都在跟自己說最大的謊言。我從來都沒有歸屬。家人的沉默給了我一個目標，現在我可以用不同的方式使用它了。」她沉默了片刻，又補充道：「好奇怪，我已經好長一段時間想要有改變了。」

看看漢娜是如何引導自己前進的？如何認識、說出和吸收她所看到的新真理？就在這時，漢娜把手放在心頭，陷入了沉思。父親和母親的代表走到她身後，把手放在她的背上，這讓她站直了。她抬起頭，咧嘴一笑，說道：「我想教導其他人如何使用自己的聲音。我想教別人在有需要的時候，透過好口才說出來……當然還要保有禮儀。」

她的聲明很明確。在這場排列之後不久，漢娜開始教導名為「鄰家策略」的課程系列，最終成為了一位備受喜愛的教練、演講者和高階主管導師。

經典轉折

即便漢娜一開始那樣憤怒、衝突而且不願參與，她來就是有想要轉化的打算。儘管起初無法面對工作坊的其他參與者，但她仍然想努力。她承認一開始就感到興奮和緊張兩種交錯的心情，她的情緒想要轉變為更進階情感，被一種新的可能性所吸引。這讓漢娜接受進行排列，此時她稍微放下心防並投入這個過程，擺脫原本的心態和舊模式，讓自己用全新的眼光看面前的東西。她沒有退縮或拒絕觀看，在整個排列過程中，她一直參與並投入至允許完成和轉變。

當我進行排列時，會在個案身上尋找一種身體上的、發自內心的轉變，隨著新見解的展開，漢娜呈現出這種轉變。她後來回報，能感覺到自己的身體放鬆了，釋放了讓她緊繃和憤怒的舊模式。那時，雖然排列仍在進行中，但身體成了她的朋友，與大腦一起工作，重新改寫那些舊的限制性模式。

隨著新見解的展開，她接受並認可它們，也成為這些新見解的主人。她正在重新連接思想和感受，激發新的神經網絡，告訴自己新的真相，並得出新的、令人鼓舞的結論。她投入於找到歸屬感，並看到了使用更柔和、更高層次情緒的重要性。她接受了給自己的新願景和新生活目標，並在排列後立即著手將收穫到的新知識應用於生活和工作中。如果她能做到，你也可以！

系統性墊腳石#12 轉化你的課題

你已經知道自己的課題是什麼了，請寫在一張紙上，然後把紙放在房間一側的地板上。（如果空間很小，也可以改成在桌面上貼一張便條紙。）現在，看看你的願望或內心的慾望，把它們寫在一張新的紙上，然後放在房間的另一側，放的位子要方便自己在紙張周圍走動。

請注意你的想法以及對這些夢想和需求的感受。與站在課題旁邊相比，你站在這裡感覺有所不同嗎？能說出新的感覺嗎？你能在不審視或否定它的情況下，允許它展現可能性嗎？請仔細感受你進入這些夢想場景的心情。「轉折」的一部分是對不同的事物開放，所以請允許這種新的可能性出現在你當前的世界中。

請把兩張紙留在原地，然後回去站在寫有你想要停止的模式的紙張上，這也就是你現在在生活中的位置。接著，請看看試圖出現的模式，慢慢朝著試圖出現的模式移動。聆聽你的想法，感受那些在心中激盪的感覺，注意它們出現在體內的哪個位置。請注意自己的行為和反應，你是快速地移動過去嗎？還是停下來了？倒退？猶豫？

如果腦中冒出一個句子，請寫下來放在你面前，觀察它會成為移動的限制還是推手？如果你發現自己正在倒退或橫向移動，請探索一下，是因為有什麼需要完成的嗎？只有在你的想法和感受說「好」的時候才繼續前進。記住，在執行這段過程的時候，身體是很有用的指南針，而大腦正在提供你需要知道「內心發生了什麼」的思想線索。

你前進的時候，請注意是否需要資源或支援。你可能之前沒有想過吉米叔叔會是幫助你推廣夢想、發展生意的絕佳人選，那麼現在就把他的名字寫下來，放在你站著的地板上，看看會不會有所不同。如果有幫助，請保留；如果沒有，請將它放在一旁，之後仍有可能需要用到，或者這張紙可能包含一個需要解決的舊有思想模式。請不斷移動並在資源和想法出現時，添加寫有它們的紙張，並在移動時調整語言、思想和行動。

如果你發現自己不知所措，可以退後一兩步，直到再次安定下來。這不是失敗，因為你還是邁出了一步。請注意是什麼阻止了你，以及它出現在身體的哪個位置，然後完成它。一旦你能夠移動了，請進行下一步，要有耐心、善待自己，這會有回報的——事實上，這對你來說可能是很新穎的一步。請把「要有耐心、善待自己」寫下來，放在你旁邊的地板上。

過程中，你可能會多次告訴自己某個新的想法、實踐或感覺，這是很棒的發展！因為我們以前不也多次告訴自己「我很糟糕」、「我不值得」，最終讓這些想法變成了自己的真實，而現在針對新想法，我們也要如法炮製。一旦你走到了寫有目標的紙張，請好好感受。如果它沒有讓你覺醒，那可能是還太小或不完整。請休息一會兒，然後重新嘗試，看看有沒有什麼需要調整的。如果一開始感覺不對，請不要擔心，只需要持續調整就行。一旦你有了這些新的想法和感受，請問問自己：「我可以採取什麼新的行動，讓這更能成為事實？」**然後邁出這一步**。新的一步可能會反過來帶來另一種新思想，然後是另一種新感覺。現在你不僅在解決問題，還在構建夢想。

PART

THREE

深入挖掘

進入運轉人生的隱藏語言核心

DIGGING
DEEPER

Into the Heart of the Hidden Language
That Runs Your Life

9

解除厄運句

決心句

你可能以為自己單純只是張嘴說話而已，但背後有個更重要的事實是：你可以為自己的系統發聲，儘管大多數時候你並沒有注意到。從我們祖先口耳相傳下來的語句，如今還是會從年輕一代的嘴裡開心竄出，這些話語想知道大腦是否足以將我們傳承下來的限制，轉換成智慧和啟蒙。你使用的語言，便是解開謎題的關鍵。

我們「所說的話」和「想說的話」不僅塑造了日常互動，也塑造了我們的生活。文字在個人和全體層面塑造了我們的現實，創造戰爭與和平、種姓和信條、希望和絕望、歡樂和悲傷。一個短句就可以解體整套思想或行動體系：戰爭結束了、你的病好了、你有投票權；兩個字「有罪」就可以結束生命。

生活中的「平民英雄」，每天都擅長有意識地使用文字來創造支持他們想要成為或想要著手進行的思想、感受和行動。他們養成使用正面自我肯定句的習慣，例如大尺碼模特兒艾希莉．葛萊漢（Ashley Graham）對自己說：「你很大膽、你很聰明、你很漂亮。」女演員蒂娜．費（Tina Fey）說：「沒有錯誤，只有機會。」傳奇拳王阿里（Muhammad Ali）說：「我是最棒的。」前美國總統林肯說：「只要你非常想要，就可以擁有任何你想要的東西。」

審視那些不快樂、不成功的人說話的方式，你就會一遍又一遍地聽到厄運句：「我知道我做不到。我試過的每一件事物都會一團糟。就是沒有機會贏。我總是慢一步。我太笨了，看不懂。」他們沒有點燃讓自己自由的靈感之火，而是不斷助長因羞恥、憤怒和內疚而燃燒的火焰，譴責自己過著非常不滿意的生活。厄運句不僅僅是像這樣典型自我貶抑的範例，任何會拖累你並讓你陷入困境的系統句都屬於厄運句，因為它篤定你會遭遇更多相同的事。

「耐心」一直是一種「美德」，直到它不再如此；「不勞無獲」是持續痛苦生活的完美設定；「尋求幫助是軟弱的表現」注定帶給我們充滿掙扎和努力的孤獨人生。好消息是，厄運句也可以成為我們的解放者，因為一旦我們看到並承認它們，那就會是辨識和停止限制模式的種子。

在我們終於正視並願意面對限制性的系統句之前，厄運句是一個不甘沉默的破壞者。如同酗酒者第一次在匿名戒酒會上站起來宣布「我是個酒鬼」，看到並承認它的存在是非常強而有力的事件。承認「我是個酒鬼」這個現狀並非失敗宣言，也因此承認系統帶來的厄運句，就只是承認其存在而已。這麼做有助於辨識出當前狀況的真相並與之正面對決，進一步允許自己探查它是如何創造出來的，如何才能鬆綁和超越。

魔鬼剋星

一旦能準確說出並承認這個長期困擾你的厄運句，你一直在反覆告訴自己的內容就無法繼續悄悄地創造出定義你的真相。當這種模式被發現並得到承認，它就已被「捉住」了。

凱文就是一個完美的例子。他每天都告訴自己必須努力工作，每天回到家都很累，需要先小睡三十分鐘才有力氣和家人相處。他的厄運句是什麼？「一個真正的男人為了讓家人過上好生活，會工作到致死方休。」這是他從父親和爺爺那邊學到的一句話，他們都工作到八十多歲，很少放假，兩人都死於心臟病發作。

凱文的爺爺在大蕭條中失去了一切，藉著努力不懈地辛勤工作，重新為家人打造出舒適的生活；凱文的父親則過得好一點，但總是害怕會失去一切。相較之下，凱文和自己的小家庭過著美好的生活，他已經為大家安排妥當，其實如果願意的話，他是可以提早退休的，但他的厄運句讓他重複父親和爺爺的過往道路。凱文非常焦慮，醫生也警告他，壓力和過度勞累會要他的命。

「我很擔心我們會失去一切！我得做好準備！」凱文說著，拳頭緊握、額頭滲出汗珠。這個認知很明確，這就是他的課題。

「那麼，你的真實情況是什麼？」我問。

「我的財務顧問告訴我，我們有足夠的錢讓我退休並過上美好的生活，一直到我一百一十歲。」他承認。光是大聲說出這句話就讓凱文開始大笑，當他意識到自己一直在重複父親和爺爺的句子時，他淚流滿面，這句話已不再符合他的現況了。凱文的工作道德確實受到「一個真正的男人會工作到斷氣的那一刻」這句話的啟發，也從而累積了大量的財富，他說自己真的對此感激，但那是過去式了，這些話不再是真相。

我們腦海中的詞彙和句子常常會將身體鎖在某種情緒中，就像幽靈在夜裡騷動一樣喧鬧，讓我們因為害怕而成為「過去」的人質。當這些概念被放在適當的前後文中，大聲說出來時，聽起來就不像我們所想的那麼合乎邏輯，甚至沒道理。

「你能告訴我，你對自己當前情況和自己所做的努力有什麼感受嗎？」

凱文說：「我累死了，家裡所有的男人都筋疲力竭。」他重重吐了口氣，閉上眼睛，垂下肩膀。有那麼一瞬間，我以為他要睡著了，然後他睜開眼睛說：「這也害死我了。」

啊哈！另一個更強而有力的「承認」出現了，他發現在系統之外的現實究竟是什麼，因此自行得出了所謂的「決心句」。

「我不能再這樣了，我也不會工作到斷氣那一刻。我的家人已經過著美好生活，我們很安全。」他一邊說、一邊搖搖頭，似乎對現在終於說出的真相有些不敢置信。他用這句話平息了恐懼和困苦的模式。曾經為他的爺爺和父親提供解決方案的厄運句，終於被定調為一個不需要存在於凱文生活的句子。

決心句

正如我們剛剛看到的，決心句是一個準確、有洞察力和具備終結能力的句子，通常在排列期間確認模式後開始使用，給予「停止」的命令。它是轉折過程的一部分，並創造一種完成感，將大腦和身體從長期維持的模式或位置中釋放出來。決心句經常伴隨著洞察，例如前面凱文說出「我們很安全」那樣。

決心句是一種聲明，例如：

- 我不會再這麼做了。
- 我不會像他們一樣離開。
- 我正在放下這個責任重擔，這對我來說太多了。
- 我不會再像他們那樣受苦了。

● 現在必須停止掙扎。

● 一遍又一遍地這樣做會讓我一事無成，我要結束這個輪迴。

● 我受夠了這齣鬧劇！

● 我不能繼續不開心。

● 我不會再助長他們的＿＿＿＿＿＿（悲傷、上癮、恐懼、憤怒、虐待）。

● 我不會再毫無節制地亂花錢。

上述決心句是模式結束的範例，結束的可能是多個世代或多個事件的模式。當你在探索自己的問題並像凱文一樣獲得最根本的洞察時（這簡直要了我的命），決心句通常會毫不費力地出現，還會反映出隱藏的模式（真正的男人工作到斷氣；我怕我們會失去一切）。在凱文的案例中，他的決心句顯然是從他的厄運句演變而來的（我不能再這樣做了，我再也不會工作到斷氣的那天）。

成功找出決心聲明的同時，經常會流淚或嘆息，你會清楚地感覺到某事終於完成了。說出一個準確的決心句會帶來一種釋放的感覺，你可以順暢呼吸了。我們常常甚至不知道自己已經受制於負面模式，直到我們開始注意並留心「不那麼積極」的自我對話。當我們終於聆聽自己，終於聽到那些我們一直在說、在想、在感受關於自己、他人和周圍世界的可怕事情時，我們會發現自己的語句一直在引導方向，把我們喚醒。我們看到這種模式，從無意識的監獄中醒來並做出認知聲明，決心聲明就會像一股總能量波那樣從我們身上升起。我們不需要尋找相應的字詞，它們早就在此地等待被釋放。

那麼，我所說的「準確的」決心句是什麼意思呢？每個人都有一種獨特的語言，其獨特之處在於它只屬於你和你的系統，像凱文的語言是「工作到你斷氣」。不同的詞彙、短句、想法和感受會透過世代相傳，對你的心靈、思想和直覺傳達訊息。當你使用正確的語句來辨識你的厄運模式和厄運句時，可能會體驗到解脫、平靜、興奮或其他情緒，也可能會大聲嘆氣或打哈欠。我經常聽到參與者用「感覺對了」來表達深刻的情感、完成與平靜的感覺，心中毫無疑惑。你的內心、頭腦和直覺都明白了，你現在清楚知道自己不想再延續下去。

在你說出決心句時，要確保使用大腦和身體可以接受或吸收的遣詞用字，來終結這個意欲停止的舊模式。這個句子要能告訴你「這個模式已經結束了」，並且能引導新生的力量和方向浮出檯面。

一半的語言

在我們開始研究句子本身之前，我想點出一件事：大多數人在成長過程中只會使用到自己語言的其中一半，也就是不快樂、恐懼、貧困、悲傷、沮喪、絕望和限制的那一半。絕大多數人從小就接收到關於自己的各種消極資訊，例如我們很笨、沒有吸引力、粗魯又沒教養。我們被拿來與他人進行負面比較，並被教導去相信自己在各方面都不合格，一直聽到別人說「你就是一事無成」或「你是個蠢材，就跟你老爸一樣」。

我們學到要認定自己是有罪的，不應該為自己做打算，否則就是「自私自利」。我們跑步時不該使用健走杖，因為大家都說這樣會摔倒，然後戳瞎眼睛。我們不好奇，因為好奇心會殺死一隻貓。我們被教導要出於罪惡感而吃光的食物，因為世界上有很多孩子在挨餓。我們被訓練正確行事、為他人服務，順應現狀、遵守規則，而非掀起波瀾。

我們很少聽到另一半的正面語言，無論是英文、法文、德文、西班牙文還是中文，我們有多常受到鼓勵要用積極的詞彙來看待自己？我們多久才會聽到一次「你可以做到任何你想做的事」或「事情總是朝著最好的方向發展」？我們有多常聽到讚美「你太棒了！」或者你是傑出的？美麗的？聰明的？勇敢的？愉快的？我們又有多常被告知說人類是善良、有愛心、慷慨和體貼的？

我們受到稱讚、聽到自己優點被指出時，會有什麼反應？通常是提出異議，我們把正面的話語放在一邊，聳聳肩說「這沒什麼」或「你太客氣了」。換句話說，我們不會讓語言積極的部分進入這扇門，因為它讓我們措手不及，讓我們對自己的負面看法變得失衡。儘管聽到了這些話，我們卻真的無法、甚至是「不能」相信它們。但是對於壞事、負面評論、種族歧視言論，還有那些關於我們自己的壞話？我們會立即將它們烙印在心。如果這些利刺來自父母或其他親人，那麼就會在我們的心裡戳得更深。

如果我們沒有從別人那裡獲得強大的「另一半」語言，出於所需我們便非得從自己身上獲得。獲得它是你轉化的必要條件。

狗熊或英雄

花點時間，留意自己在重要時刻是「英雄」還是「狗熊」。你是時常打敗自己還是提升自己？在新的或困難的情況下，你會自然而然地走向希望和興奮，還是恐懼、不快樂和自我懷疑？你是退出還是參與？當你成為英雄時，感覺如何？當你把自己當狗熊時，感覺如何？

人類的傾向是再怎麼樣也要保有小量的災難性思想，因為相較於積極的經驗，人類大腦天生就更關注消極經歷，這在心理學被稱為「消極偏見」。我們會這樣是因為大腦一直對危險保持警惕，純粹是一種生存本能，也是一種我們一直維持、直到覺醒的習慣。當重複次數夠多時，限制性、帶負面偏見的想法和感受會產生一些模式，這些模式會創造令人不舒服、受限的真相，然後將其傳遞下去，彷彿這是系統中的終極真相。從這個「真相」中可以得出多個世代人的厄運句，這些句子常常會導致不合理的個人期望，進一步使生活變得悲慘。

我記得有位客戶來找我解決廣泛性焦慮的問題。她從那位完美主義的外科醫生外公和護理師母親那裡學到的系統句是「只要你想做某事，就要好好做」和「只跟自己比較有沒有做到最好」。身為醫生，「好好做」實際上是生死攸關的問題，這個句子很有幫助而且很重要。然而這位客戶不是醫學專業人士，在這些系統句的驅動下，她將生活中的每種情況都視為生死攸關的議題，執著於要達到「完美」。隨著時間的流逝，這些家庭系統句已侵入她的心靈，導致她總是挑戰自己，努力在所有面向都做到最好，無論是學術、運動、事業、性生活、下廚……在你能想像的所有事務，她都無情將自己逼向極限。

一旦能發掘自己的想法以及這些想法是如何驅使她，她的廣泛性焦慮就會得到緩解，但真正的突破出現在幾個月後，因為她有意識地應用了新的思維方式。在某次長途搬家之前，她曾短暫做了一份辦公室助理的工作。她以前從未做過辦公室工作，也不是專業的打字員，對於工作指定要用的電腦系統只有粗淺的認識。儘管如此，上工一周之後，她很不滿意自己輸入數據的動作太慢，因此嚴厲地自我譴責，接著突然意識到自己在重蹈覆轍。

她說：「那時我坐在辦公桌前深深自責，但突然浮現一個想法：『等一下，我知道老症狀又來了！』」她立即開始一段更為肯定的自我對話，認知這個問題和真正的真相。「這是我以前的完美模式。做好工作對我很重要，我做得對，但我以前從來沒有做過這種工作，所以我有點慢。這沒什麼！」然後她使用了決心句：「我拒絕再和別人比較。」從那刻起，她放過了自己，一切都很好。

系統性墊腳石# 13 賦權之路

系統轉折點包含三個部分，我將在下一節中將它們匯總在一起，但讓我們先從這裡開始。當你從想要停歇的舊模式，轉向正欲出現的新模式時，請邀請自己讓今天成為你與「真正在發生的事情」開始相處的第一天，這樣你就可以好好地經歷。當你踏上創造者的旅程時，請使用這個練習來標記生活變得更好的那一天。

如果想要獲得這種重要的感受，請到戶外散散步，或找一個可以大聲自言自語的空間——真的要可以很大聲。然後想想你的議題、情況或狀況（那些真正困擾或限制你的事情），接著開始說出來。用你自己的話去描述那最根本的恐懼或局限，不要試圖辯解或修改你的語言。請使用你經常使用的精確詞語來表達內心的生活以及感受。這裡有些範例：

- 我總是失敗的那方。
- 我從來沒有做好做對過。
- 我覺得自己一文不值／無力／絕望。

- 我覺得自己總是要負責背黑鍋。
- 我總是害怕和焦慮。
- 除了我之外，每個人都在進步。

這些都是你對於正在發生事情所感知到的真實狀況，所做出的承認宣言，請注意你承認眼前情況的方式，並問問自己：

- 我是讓自己成為英雄還是狗熊？
- 我是讓別人成為英雄還是狗熊？
- 家庭、商業或組織系統中的其他人是否也有這種想法？
- 這是不是只有我自己一遍又一遍地做、說或思考的內容？
- 對我來說，這是什麼時候開始的？什麼情況或事件引發了這個議題？
- 是否有特定的觸發因素重新引發了這個議題？
- 在一天、一周、一個月或一年中，是否有某個時間點會發生這種事情？
- 我用來描述這個議題或情況的語言還在哪些狀況滲入了我的常用詞彙中？
- 這對我有何限制、或令我不安？它如何無孔不入地滲透我的日常生活？

請記得大聲說出這一切，然後持續走路和說話，直到沒有話想說為止。如果你非得以十幾種不同的方式重複說出類似的事情，這也沒關係，請放手讓一切浮現。當你正中那些「恰到好處」的詞彙和情緒時，身體會知道，你也會知道自己何時已經說完了。

接著請停下來，找個地方坐下、靠在樹上或赤腳踩在沙子裡……只要是適合你的方式都可以。處在當下，詢問疲倦、憤怒、悲傷、沮喪或害怕的自己，關於剛剛你認知到的事情，你會對這些想法、感受或做出的行為想說些什麼？你現在對它的真實感受如何？你想要對它有什麼感覺？讓我們運用前面的認知聲明，從中建立一些決心聲明。

其他常見的決心句會像是：

- 我已經付出太多，該來投資自己的成長了。
- 我需要用不同的方式來做事。
- 我可以開始感覺＿＿＿＿（快樂、充滿希望、興奮）。

認知聲明	決心句
我總是失敗的那方。	我可以創造屬於自己的勝利。
我從來沒有做好做對過。	我能夠而且可以做出明智的選擇。
我覺得自己一文不值／無能為力／絕望。	我有很多可以付出的事物，而且我樂於分享。
我覺得自己總是要負責背黑鍋。	我再也不會背負他人的重擔。
我總是害怕和焦慮。	我很安全，而且可以照顧自己。
除了我之外，每個人都在進步。	是時候讓我肯定自己所擁有的好，並聚焦在建立這個寶庫。

不斷重複你的決心句，直到你感覺這就是真相，或調整決心句讓它變得適合你；你會知道是否成功，因為你會感覺到。請注意，我會不厭其煩地告訴你「對自己訴說」的重要性。你過往都用消極的方式進行，現在是時候用好的方式執行了。請讓決心句深入你的思考，同時注意思緒是否在徘徊、試圖讓你偏離主題。你的厄運句就在那裡，也許這是你第一次聽到它們的存在、看到束縛自己的高牆。有時我們會因為視野太寬廣而偏離目標！

當身體開始對你所說的話出現反應時，你就會發現有價值的東西。注意體內正在發生的事情。你有什麼感覺？情緒？感知？它們在身體的什麼地方？你的身體反應可能是溫和而短暫的，也可能是強烈而刺激的。當感覺到你的決心句時，請接受一切。

如果你需要哭，那就哭吧；如果你覺得需要躺下，那就去做吧。如果你想搖晃、大喊、大笑、跳舞、揮舞拳頭、扔東西，那就去做吧。請不要審查這些提示，就遵從它，有時會需要完成系統行動才能使模式停止。我曾看過很多人無法抑止地哭泣，因為他們為了好多無法哭的世代而哭。如果你的身體有任何行動，請跟隨它、聆聽它，它正在以它唯一知道的方式對你說話。如果你沒有任何感覺，那也沒關係，空白或阻力是在提示你正於目標邊緣徘徊。

對某些人來說，這可能是一個非常安靜的過程，沒有太大的情緒或身體動作。重點是要處在當下，注意任何以某種方式激發你的單字或短句。身為魔法師的你，已經將你自行創造、或多世代共同打造的惡魔召喚到光明中，並直視著它們的眼睛，如此一來，它們就可以停歇了，而你也是。

如果這個過程的任何時間點讓人感到無法承受，請停下來，了解自己已經採取了一些行動，可能只是需要一些更有力的散步或更多的探索過程，才能完全釋放。請提醒自己，暫時休息並不是自我放縱！你現在終於可以表達那些需要被看到和聽到的事物，這是改變的開始，也是療癒和轉化的一部分。

當你能夠承認議題並從最深處說出你的決心句時，不會有任何藉口或理由，你終於準備好放下自己打造的監獄了。當你甚至可以直接面對最糟糕的情況或模式時，你就可以改變，這是從盲目走向智慧的行動。

請再一次清楚而堅定地陳述你的認知句，理解這在你身上是如何體現，然後再次清楚地告訴這種模式或心態「**已經結束了**」，建議使用能提升你士氣的話語。

等一切平靜下來，請說出這個模式為何，並承認它在系統中的位置，然後宣告你打算讓它休息。說話時請仔細聽，感受你體內任何殘留的反應，現在——請休息。如果你的雙腿輕微顫抖或心跳加快，請不要驚慌。我敢肯定聖經故事裡的大衛在殺死巨人歌利亞後，雙腿也在發抖。

恭喜，這個深刻的覺醒時刻值得銘記在心。請把手放在心上，深吸一口氣，感謝你的心在你教導它如何感受不同的感覺時，保持處在當下。然後用手指觸摸太陽穴，感謝你的大腦，能夠思考一個新想法。請把你的手放在你的腸胃位置，感謝它從以生存為目標，轉變為去感知你的最高利益。最後，請一定要對已經停止的舊議題或模式說聲「謝謝」，感謝它當年為先祖們創造了解決方案，並帶你踏上冒險之路，一直走到可能出現新事物的那一刻。

在你的人生大事紀和你的內心、頭腦和直覺中標注這個時刻，不妨在日記中添寫一條記錄，寫著「今天，我選擇了新生活。從今天開始，我______（強壯、快樂、健康）。我說的話、我的感受、我採取的行動，都反映了這個新的我。這是我的新真相。」每當我自己單獨這樣做時，都會尋找一些東西來象徵已經發生的事情。總有一件物品會脫穎而出，也許是一塊石頭、一朵花、一分錢等等。我會把這件象徵物帶在身邊，放在我可以沉思幾天或幾周的地方，聽聽它想對我說什麼。我知道它的存在是有原因的，一切皆有目的。

那麼，現在請環顧四周，找到對你說話的東西。請不要過度思考或嘗試分析，只要相信它會為你的成長和進步而存在，它也有可能是一個你需要拍下的景色。請讓它對你、對接下來要停止的模式說話。不管那是什麼，請讓它成為你今天所做的偉大努力的提醒。

10

可能性的門戶

重新解決句

現在我們來到了轉折點的最後一部分，即語言中「什麼是有可能的」的面向。轉折的第一部分是弄清楚你的問題、試圖停歇的舊模式，以及試圖出現的新模式。第二部分是承認你的問題並發展你的決心句，建立一個終結性的聲明，以你能感覺到的方式結束一個限制性模式，並帶來解脫、興奮和完成的感覺。第三部分則是在我們的決心句之上，建立堅定的「重新解決句」。

決心句終結了一個舊模式，於是現在眼前有了新的解決方案（resolution），或者我稱之為「重新解決方案」（re-solution）的東西。以前行得通的方法現在可能行不通，所以我們從決心句轉向重新解決句：新的解決方案。

重新解決句是有意識成長機制的一部分，可以改變你當前的方向。它們反映了你的思想、感受和慾望的變化，激發新的神經通路，為呈現新自我的新決定和行動奠定基礎。它們是構建你生活下一階段的媒介，提供靈感並開闢新途徑以探索你的真實樣貌，也就是那個你有能力成為的新版本「自我」。

可能性一直是我們生活的一部分，但大多數人都沒有被給予能夠讓我們實現的肯定與創造詞彙。重新解決句仰賴受到提升的思想、感覺和情緒，以獲得可能性、靈感、動機、維持力和方向。它們照亮了我們的思想、身體和靈魂，利用我們語言的另一半和我們靈魂的另一半，大聲而深刻地表明：除了我們正在過的普通生活之外，還有更多的可能性存在。

建立在決心句之上

「重新解決句」有著決心句的色彩，它包含了你過去和前幾個世代祖先所擁有的系統語言，而且往往是專屬於你的語言。若想要充分發揮效益，那麼在重新解決句中涵蓋這些詞彙可是尤其重要，讓我在這裡分享一個案例。

哈利的父母都是聾啞人士，因此在成長過程中，他擔任父母親的翻譯。他不喜歡自己的父母與眾不同，討厭在學校成為與眾不同的孩子。他覺得這樣的背景讓自己處於不利地位且備受局限，但透過改變自己的人生、以此作為成功案例，他成為一名事業有成的勵志教練。每次遇到糟糕的情況，他都會想像將來生活會過得多美好，他創造出一些決心句，譬如「我不能再肩負父母的重擔了」和「我必須為自己發聲」。

隨著事業蒸蒸日上，他開始有了「成為頂尖勵志演說家」的迫切需要。他是做得很好，卻無法再往上提升。哈利遇到的障礙是演講無法強而有力地開場，每次演講的頭一分鐘都有些無力，但他會漸入佳境，最後讓聽眾讚嘆不已。哈利前來尋求幫助時，我點出他的第一母語並非口語，而是美國手語。如果他能把過去身為「異類」的尷尬感，重新翻轉，接著包容接納自己的過去和所有形式的語言能力，就可以找到自己最真實的聲音。

哈利據此設計了強有力的解決問題句，例如「成為異類讓我與眾不同」和「使用所有我會的語言將為我帶來優勢」。他不再拒絕自己的任何一部分，後來決定用手語當做所有演講的開場。如今，哈利是一位頂尖的勵志演說家，正如他過去夢想的那樣。他最近還請父母搭飛機出席一場他在大型活動中的演講。

你發現那個被完成的循環了嗎？哈利在決心句上做得很好，但是根據生活經驗所創造出「重新解決句」才是真正改變他的關鍵，讓他登上事業高峰。

創造重新解決句

以下是一些範例，依序是認知聲明、解決句和重新解決句：

認知聲明	解決句	重新解決句
我很害怕被看見。	我因為不被人看見而付出了太多代價。	我的現身為世界帶來了贈禮。
我覺得迷惘。	我在世界上有一席之地。	擁有屬於我的位置後，我可以看到新的可能性並行動。
我沒有歸屬。	我一直有歸屬之處。	我的歸屬感激發我將他人納為夥伴。
我覺得空虛，一直為他人付出讓我覺得筋疲力竭。	我也可以接受。	我是接受歡樂和富足的專家。

系統性墊腳石 # 14 創造重新解決句

那麼，要如何找到你的重新解決句呢？讓我們按部就班進行吧。

第一步：請打造「有意識改變」的氛圍。給自己一些不受打擾的時間，找個可以單獨放鬆和思考的空間。如果可以，建議在令人充滿靈感的地方坐下或散步，你也可以同時播放鼓舞人心的音樂。請關掉手機，並提醒自己為什麼要這樣做，因為你正在創造轉變！

第二步：深呼吸，承認你所屬的家庭系統。在這一刻之前出現的每個人和一切事物，都為這個轉變機會有所貢獻。想像你的祖先正在你身後，他們的雙手將你推向未來，請告訴他們你正在前進，並請求他們給予祝福。即便你不了解自己家庭系統，其實只要有意願，就能感受到這股聯繫。請將他們的祝福深深吸入，然後吐出他們的負擔。如果你的家庭系統功能失調甚至是環境嚴苛，導致你無法想像有誰可以給予自己祝福的話，請反過來謝謝他們「使你成為今日的你」這個事實：你是一個決心創造改變、創造遠超乎他們想像所及的美好新生活的人。（老實說，如果你擁有受虐或教養功能失調的童年，現在能這麼做的你其實滿幸運的。因為大多數有著類似背景的人，通常不會把心思放在改變上面。）

第三步：允許自己在今天盡可能往長遠的未來思考，想像自己真正想要什麼。你已經承認了舊模式，已經給予其一個位置並加以安放，並找到了決心的力量。現在，請想像重新解決方案可以帶你去到什麼樣的地方……那些你想做、想創造和想擁有的事情，你可以盡情地沉浸於體驗中，這會讓你更上一層樓，並激勵你創造更多新事物。

請不要自我審查或批判，只要想像和感受更快樂的感覺就好，盡可能視覺化你想要的東西。當你想像到重要的事情，你會知道的——它會為你的心、腦和直覺帶來「沒錯！」的感受。你會感到興奮，身體會感覺更輕，內心會敞開。（對我來說，我的「沒錯！」總是伴隨著揮拳慶祝出現。）

也許這只是一閃即逝的感覺，沒關係，請把注意力全部集中在它上面，不要讓它溜走，這就是寶藏所在之處。

如果你的思緒開始介入，說出「這永遠不會發生，你以為你是誰啊？」之類的評論，請意識到這是舊模式，不是新模式。你認得所有與那個聲音有關的舊有用語和情感（痛苦和沮喪、傷害和孤獨），因此請堅定地提醒自己：「這是過去的聲音，也是我正在放手的模式。」接著回到你的想像中，回到它們所喚起的進階感受。

「喔，這感覺真的很棒，但如果最後沒有實現要怎麼辦呢？」舊模式如此抱怨著。

嗯，大多數我們想像出來的可怕事件也不曾發生，但這也沒有阻止我們思考各種消極的事情。請提醒自己，你真的沒有什麼好失去的，一切都是有機會獲得的，唯一能讓你退縮的人就是你自己。

第四步：既然你已經想像了各種酷炫、美妙的可能性，並感受到良好、高頻率的情緒，請選擇讓你感覺最好的東西，這是你在創造「重新解決句」時必須關注的內容。

抓住這些美好的感覺，深呼吸，說出你的決心句：「我不能再＿＿＿＿了」或「＿＿＿＿不是我應該背負的」或「我不想再像＿＿＿＿一樣悲傷了。」

無論你的決定是什麼，請現在就說出來。

第五步：請從決心句中尋找贈禮，看看可以怎麼運用它塑造出你的重新解決句，亦即新的方向。這裡有個例子可以參考，有名與會者在排列時哭得很慘，可說是她一開始哭就停不下來。她家族中許多女性都嫁給會家暴的丈夫，而且她們總是默默忍受各種虐待。她們沒有表達任何情緒，就在這些恐怖男人的擺佈下過著可怕的生活。

我的客戶意識到自己正在為家族中所有無法表達情緒的女性流淚，但她厭倦了一直感到悲傷和哭泣。

我問她是不是婚姻不幸福，她說正好相反，她先生是很優秀的伴侶和父親。她打破了受虐和隱忍的舊模式，但沒有打破悲傷模式。我問她有沒有孫子、孫女時，她整個人都發光了，這些孩子是她的驕傲和喜悅，於是我又問她想教導他們什麼，她開始微笑。

「我想教他們盡情放聲大笑，笑到流下喜悅的淚水。他們有一位了不起的爺爺，如果我能教他們快樂和當個好人，這樣我也會感到快樂，他們也能平安過生活。」

她的認知聲明是：「我一直在哭，感到難過。」她的決心句是：「我不能再承受這些悲傷眼淚的重擔了。」她的重新解決句呢？「看看我成為快樂和感恩的榜樣，讓每一滴眼淚都是喜悅的淚水！」

如果想找出你的重新解決句，請嘗試不同的句子，並留意你在身體的什麼地方感覺到它們。當你說出正確、有共鳴的話語時，會體驗到一種如釋重負、興奮、幸福或其他積極情緒的感覺。請反覆嘗試那些話語，不要自我修改，當你愛上重新解決句時，就是正中紅心。

第六步：一旦你有了這些詞句，請說出來。許多人回饋，當他們找到能喚起自己最深切渴望和夢想的詞語時，他們覺得自己正站在神聖的土地上。就是這樣！你的重新解決句是你靈魂的語言，你想讓這些句子成為新常態，這樣你就可以充分體驗只屬於你的冒險。

第七步：休息一下，放鬆一下。積極的情緒和積極的重新解決句可說是初生之犢，你要是過於求好心切就像要求它們做一百個伏地挺身那樣。請不要急於回去工作或進行其他任務，那都可以再等等。請花點時間沉浸在你剛剛創造的振動中，沉浸在這些字句的溫暖中。如果你願意，請洗個澡或躺著休息一下。

第八步：餵養你新創造的模式。你不會在孵出小雞之後就覺得工作完成了，你還必須把牠養大，否則小雞可是會夭折的。還記得你大腦中所有舊的神經網絡嗎？舊思想的發動模式仍然存在，畢竟它們花了許多年的時間來鞏固自己。如果你發現自己陷入舊的思維模式，請善待自己，但不要滯留。請持續鍛鍊這組新肌肉，不斷重複你重新解決句，把它們寫下來，放在經常看得到的地方。休息一下，重新構築你的夢想……那個你想要去的地方、那個你正在成為的「新的你」。添加任何新的、賦予力量的句子，並感受任何浮現的嶄新、良好感覺。

第九步：不要與杞人憂天的人分享你的新道路。靜靜地培育它，直到它準備好公開亮相，而且不要一直確認情況是否ＯＫ。你知道你在做什麼；你正在為你的夢想提供美好的話語和更高的振動情緒。

第十步：當感覺對了，請設定你可以達到的一小步或目標，而這只是為了向自己證明改變正在發生。當你達成時，請確認你有認知到它的存在，並慶祝這次的勝利。花點時間感恩和欣賞你所做的一切，再進行下一步，然後再進行下一步。

你越是盡可能仔細建立重新解決句、讓它們引發感受，就會越興奮，直到這個更新版本的你自己成為現實。在你的外在世界中，成果會越來越明顯。你不再是受害者，命運就在自己身上，你就是這艘船的船長，而且你也知道這一點。

然後……

請偶爾問問自己：「我真正、真正、真正想要的是什麼？」沒有限制、沒有來自現實的審查，就只有盡情思考「我有可能做到、成為或擁有最不可思議的事情是什麼」。

對我來說（我過去是個貧窮、失業的南非移民），我能想像到最遙不可及、不可思議的事情之一，就是在地球上我最喜歡的地方——迪士尼樂園度過一段歡樂時光。我知道目標是什麼，心裡也很清楚，但是有許多障礙在阻止我，例如：「只有有錢人才能去那裡」、「我不知道要怎麼弄到這麼多錢」、「我不夠好，也不夠神奇，不屬於那裡」、「這是一個不切實際的夢想」。我非常了解所有舊的語言，然後有一天，我的決定、決心和純粹的興奮就此介入——我想要購買迪士尼的「分時度假」（譯註：timeshare，消費者事先購買度假村或飯店的住宿權益，在規定的年限之內每年可去住宿一定的時間，也有機會跟同系統的其他度假村進行交換住宿）！沒有藉口。我對這個計畫保持沉默，所以不會有人阻止我，或用我的舊語言下指導棋。我開始關注我的限制性語言，並將其替換為「我也可以屬於迪士尼。我正在想辦法讓這成為現實，我有足夠的魔力，可以屬於這裡。」我允許自己「看到」我走進度假公寓，並與所愛之人分享，而這代表我知道自己賺取的每一分錢流向何處。我讓這個想法盡情成長，不受我自身的局限所束縛，它也日漸成長為我的夢想。我提醒自己：如果我能做到一次，那麼我就會知道自己可以在許多領域打造夢想。我只需要與宇宙共同創造一個夢想，就可以向自己證明：我可以在生命的任何領域做到。

我和家人第一次採用分時度假機制，簡直就是夢想成真，我並不是看著他人手拿公寓鑰匙走進去，而是自己親手打開門！對當時的我而言，這是跨出舒適圈很大的一步，不過達成這個夢想帶給我非常美好的感覺，因此我渴望創造更多、更龐大的夢想。

實現更大的夢想就是我們進化的方式。因此，每當相隔一段時間，就請更進一步伸展你的夢想肌肉，了解自己有能力實現這些夢想！

11

人生大戲的驅動

元模式

到目前為止，你已經了解自己是如何從家庭系統中繼承思想、感受和行為模式。它們代代相傳，等待你賦予它們屬於你的色彩和轉變，希望在你將模式傳遞給下一代之前，讓它們能夠往正面的方向進化和強化。

但是，這些被繼承的模式最初是從哪裡來的呢？為什麼我們的祖先會做出這樣的選擇？是什麼驅使他們做出這些選擇？答案就藏在從「元事件」中產生的「元模式」裡面，它啟動了眾多思想、感覺和操作方式。元模式影響著眾多人口，影響著他們的認知和選擇，也無意識地創造出令人窒息的限制和不可思議的可能性。

元模式是支配世界且對國家、全體人民和文化造成影響的巨擘，這些模式包含性別、宗教、戰爭、飢荒、流行病、大移居、天然災害、政治。它們有巨大的影響力，創造出強大的模式和情緒DNA。從表觀遺傳的角度，這些模式會影響後代，創造廣泛而全面地塑造整個社會的思維方式，進而影響較小的群體，並逐漸滲透到家庭系統和個人。

每個元模式都增加了一層催眠性的「沉睡」，讓我們以一種「不可避免、命中注定、這個世界『就是這樣運轉』」的感受去經驗它。這其實就是我們所說的系統性催眠。不過，就像家庭系統，只要我們能發現它們的存在，元模式也能提供我們成長和發展的機會。

雖然後面每個元模式都可以寫一本專書來探討，但這裡我不會太詳細介紹。本章的目的只是讓你注意到這些模式，如此一來，你就能以它們為依據，回顧自己的系統。要知道，我們無法從自己尚未察覺的東西中學習。

世代批判

進化是一個循序漸進的過程，對這一代人有用的東西很可能對下一代就沒有用了。不幸的是，我們傾向於妖魔化前一個時代的事物，大肆批判前人的信仰、生活方式和行為。舉例來說，當二戰倖存者圍坐觀賞約翰・韋恩的電影、追憶歐洲解放和美國大兵的英雄主義時，他們的孩子則在街頭遊行，高喊著反越戰、反主流文化的口號，像是知名的「要做愛，不要作戰」。

我們也批評我們的下一代，總愛說這些後起的「年輕人」魯莽、不負責任，而這正是因為我們沒有透過年輕世代的角度來看世界，或者面對他們的世代問題。我們對未來嗤之以鼻，無法超越自己熟習的舊規則舒適圈。各個世代的人都對未來和過去的世代沒有好話，總是彼此排斥，不願相互學習。

有時候，我們無法將現在看起來像錯誤和限制的東西，以「進化」的觀點來看待。這些「錯誤和限制」是，其實系統針對那個特定的時間和地點所提出的解決方案。我們如果只為前人的所作所為貼上負面標籤，就是將他們累積下來的生命智慧排除在系統之外，反而奠定了讓舊模式重複上演的基礎。

成長會伴隨著一種承諾，即是以欣賞和理解的眼光，看待並學習過去和未來世代的智慧，而不是帶著仇恨、責備和批判。能夠注意到生活是逐步漸進，不再將與己不同的事物標記為「錯誤」，對我們才是更有幫助的——因為我們也都希望能邁出下一步。當新舊系統協同合作時，我們會受益匪淺。如果我們能夠從過去汲取智慧、對未來保持開放和好奇，我們就能大步向前，成長和提升。理解如何有意識創造積極的元系統和合作模式，是讓我們所有人朝著更龐大可能性轉變的根基，大規模的群體「沉睡」就會逐漸消逝。

性別和性別歧視

性別歧視大多存在於我們的語言和行為中，歷史悠久。性在人類生活中佔據非常多的時間，因此性別歧視作為一種元模式，很可能還會存在很長一段時間。我們的性別角色正在迅速演變，但如果沒有看到自己的進化並認知自己的成長，就會因這種演變而備受困擾。我們會變成只關注新聞中肆虐的個人不當行為和煽動性問題，卻錯失全局，僅聚焦於責備個人或某個群體，而非想辦法團結起來支持大眾的共同成長。

男女性別問題包含由基於不信任、批判和排斥的巨大元模式所構成。性別歧視還針對「LGBTQIA+族群」（譯註：為各種性傾向或性別身分的英文縮寫，通常用以代表異性戀之外的「性小眾」群體）。每種性別和每種性取向其實都同樣是評斷、排斥和不尊重模式的一部分，但男女之外的其他性別和性取向常常仍被視為異類。追根究柢，我們總是在批判「他者」，而非重視和擁抱彼此，詢問自己可以學到什麼。

總體而言，人類渴望自由表達自己的真實身分，而非陷入僵化的性別角色。許多女性在全球各地發展事業，以此作為獲得滿足感和成就感的首要方法，與此同時，也有很多女性想成為家庭主婦和全職母親。有些男人想要擁有一番事業，但有些男人更喜歡家庭生活。家庭結構正在重塑。「職業婦女」的身分曾經是可恥的，但現在幾乎是眾所皆知的事實；「全職父親」的身分曾經代表這個男人有問題，但現在這只是一個選擇而已。請注意，無論男女都一直有這些選擇，但社會可接受的性別角色元模式是如此籠統又僵化，以至於直到現在，我們仍認為自己不被允許冒險超越這些嚴格的界限。

當然，有些變化直到最近才成為可能，比方說，改變生理性別要等到一九一七年才成為一種選擇，不過現代醫學還是給了我們這個選擇——只要我們能夠改變內心的元模式（信仰系統），不再相信「世界上只有兩種性別，而你只能接受自己先天的性別」。

元模式往往變化緩慢，所以儘管我們已經有了莫大進展，但是我在設置排列的時候，仍然會看到女性感到自己不值得和受到貶低，在要求平等的同時卻因為她們的情緒ＤＮＡ而感到自己不配。我也看到累積多個世代的人對男性感到憤怒、批判、怨恨以及漸行漸遠。我還看到男性感到不被欣賞、受到威脅，與他們認定過於苛刻或不友善的女性保持距離。古老的父權制度觀點在諸如「我們要負責照顧我們的女人」和「女人屬於家庭」等系統句中閃閃發光。我會聽到女性說：「我必須全部攬起來做，要煮飯、打掃、撫養孩子，還要有自己的工作。」舊的僕人心態仍會現形，職業婦女發現自己經常需要在「兩份」全職工作中蠟燭兩頭燒，既要上班又要持家。

有時男性也會感到被困住了，他們在操持家務時，常常遭到同儕或者對家中整潔有著高標準的女性的抵制（這些標準正是舊性別模式對女性的期待），她們會抱怨「他就是沒辦法做對」、「如果我希望家務能夠做好，就必須自己做」。這些女性不去注意什麼需要停止、開始和改變，而是對男性苛刻，甚至是對自己更苛刻，她們在系統句中延續這些古老的模式，例如：「我不需要男人」或「當你需要男人的時候，他們永遠都不在」。

塑造對立無法解決任何問題，是時候看到優點、加以理解，並給予已經不再相關的事物一個睿智的去處，而非試著單純排除它。為什麼？因為從系統面來說，排除只會創造出延伸和重複的模式。我們該記住的是每個性別過往曾經犧牲、經歷的事物。舊的性別系統在當時很有用，但那個時代已經過了。現在，我們需要用全心全意和欣賞的方式審視當前的性別系統及其所屬之人，並從更高、更有包容性的理解出發。

國族主義

國族主義一般的定義是對自己國家或群體的認同，以及對其利益的支持。如果發揮最大潛力，我們就可以看到一個國家透過為共同事業團結起來而崛起，就像大多數西方國家在二戰期間所經歷的那樣；如果走到另一個極端，國族主義就可以透過在人民心中製造排斥和排他性，就像納粹德國在一九三〇年代的所作所為，將金髮碧眼的亞利安人提升到至高無上的地位，同時譴責和摧毀所有無法符合這個理想的「非我族類」。

無論何時，只要當一群人認為自己比其他族群更好、更有資格時，其他人就會成為受害者並感到憤怒。這種情況若獲得國家的認同和支持，就會擁有額外的力量，創造出巨大的盲點，讓我們不再真正看到自己或我們創造的「他人」。我們會失去人性，並在系統三原則中出現不平衡，產生排他性的歸屬感、膨脹或貶抑，以及在沒有適當平衡的情況下，進行掠奪或接收的慾望。

負面的國族主義元模式，以犧牲其他國家的福祉為代價，來促進自身國家利益，其他國家被視為有害、威脅或劣等的。政治口號會推動團結行動，然後成為系統句，像是「讓英國再次偉大」、「寧死勿紅」，當然還有希特勒的「一個民族，一個帝國，一個領袖」。

當一個國家開始追隨個人而不是其政府時，國家的制度就會失序，接踵而來的就是分裂。為了控制反對意見，有些人的規則會變得更加嚴格；異議者被視為威脅，經常受到騷擾並被告知他們不再屬於這個國家。這通常會導致獨裁政權的興起，最終出現種族滅絕，直到系統被糾正，使群眾再次理解所有人都屬於這一更大的真相。這種連結對成長非常重要。

負面的國族主義與任何膽敢反對領導人目標和意識形態的人為敵，如果沒有做出內部糾正，就可能會導致另一種元模式：戰爭。

戰爭

戰爭是一個龐大的元模式，當中產生了許多生存模式。從系統面來說，我看到它對個案及其家人造成嚴重的影響。戰爭就像其他系統，涉及看到和做出在日常生活中完全不能接受、但在特定期間被允許的行為和規則。士兵們無情地被訓練來打破社會準則中最基本的規範——你不應該殺人。

在戰爭中，參與者被遠大於個人的系統拉扯、測試和重塑。問題是，當士兵回歸平民生活時，他們不再是過去的那個人了。他們沉浸在一個與正常平民生活截然相反的系統中，他們在兩個系統中間被劈開，但又沒有任何一方承認他們。他們並沒有脫離戰爭元模式，卻以刻意、系統性的方式重新進入平民系統。他們被期待要從經歷、目睹極端恐怖場景的訓練有素殺手，在幾天或幾周內，輕鬆地轉變回溫柔的愛人、配偶和父母。

這些人經常發現自己感覺迷失、被遺棄、不完整和困惑，這是因為缺乏從一個系統轉移到另一個系統的退出策略。「無家可歸的退伍軍人」這個綽號很貼切，反映了他們身上發生的事情。他們仍然在「那個地方」，在可以被完好如初地帶回家、建立新的目標之前，他們實際上仍困於兩個世界之間。

退伍軍人以極度個人的方式受苦，戰爭的影響因人而異，實際上取決於每個人成長的家庭體系，在和諧的家庭制度長大的官兵所受到的影響程度，可能比在衝突中長大的官兵更深。解決方案是讓「戰爭元模式」和「和平元模式」各自以不會壓倒另一方的方式佔據一席之地。戰爭永遠是官兵的一部分，但和平也可以如此。

在系統性工作和排列中可以探索曾發生的事情，並且能夠為每一個片段賦予其位置和目的，這樣就能帶來迫切需要的解決方案。排列通常可以為從戰爭中歸來的人提供足夠的距離，以三維的形式看到所發生的事情，向失去的人、受傷的人和傷害他們的人致意，理解並解決悲慘的事件，讓他們能獲得平靜，並重新融入社會。

宗教

宗教另一個重要的元模式，它是促成戰爭的古老因素之一，也有其獨特的標誌來區分誰是自己人、誰是外人。仔細聆聽宗教的系統語言和觀察它所促成的行動。「我們是上帝的選民！殺死異教徒！」是一種適用於世界上任何地方、任何激進宗教派別的呼籲。

我們被教導不要在文雅社會談論宗教或政治，這是有原因的。這兩個話題都是由強大的意識形態定義，而這些意識形態塑造了我們的思維、感受和行為。宗教信仰非常深刻、發自內心。最初的實用行為準則可以引導人類沿著成長和個人進化的道路前進，但最終往往會成為必須遵從的狂熱規則和道德戒律，若不遵守則會產生可怕的後果。舉例來說，「你不可貪戀鄰居的妻子」和「信教，否則就得永遠受到地獄之火的燃燒」兩者有很大的區別，前者是向我們展現如何過更加平靜的生活，後者則是以恐懼為手段，讓當事人合意並取得成員資格。

宗教常常讓我們專注於「絕對性」和「厄運」，而非「正確思想」可產生的奇蹟，讓我們以健康的方式度過一生。專注於自以為是和分裂、派系主義、崇高的苦難和內疚，讓我們錯過通往和平與團結的道路。「和平與團結」才是所有主要世界宗教的傑出創始人，當初希望呈現在世人面前的，希望能讓我們超越苦難和分裂。不幸的是，我們執著於教義的歧異，而非意識到各大宗教之間有多少相似之處，然後因分歧而彼此開戰互鬥。

宗教是一種元模式，指導著大眾的一舉一動和選擇（通常要付出巨大的代價），想要改變現狀，要麼將它擴展成健康、高尚、充滿變革的教學體系，或者以尊重為根基，採取更具包容性和愛的新模式。

只是普通人

這聽起來可能很奇怪，但我們「只是普通人」的信念是一種強大的元模式，它與使我們持續貶抑自己、溫順和低發展的宗教密切相關。我們在這個世界被教導要認為人類是軟弱、腐敗且無可救藥的。我們一直生活在這些低期望和低可能性中。

所有系統都在進化（這是它們的任務），而人類系統也是如此。然而「我只是個普通人」的系統句你聽過多少次，多少人拿它來當成自我限制、低估自己、活得可悲的藉口？為自己的局限辯解，只是更加確定了我們維持在受限狀態。

我要大家超越「只是普通人」的元模式，並不是要你們建立個人的自我和自尊。我指的是「成長」和「擺脫小我的低等情緒」（像是嫉妒、貪婪、憤怒、判斷、比較和恐懼，這些情緒是因生存和需要而驅動的），然後進入更高層次的愛、同情、理解、包容、善良、尊重、欣賞和感激，也就是那些我們沒有被真正教導過的語言高等面向。

這些高等情緒給了我們翅膀，也是我們確實成長的徵兆，打破了「只是普通人」並期待因我們的痛苦而得到拯救和欽佩的元模式，最終發揮我們的神聖潛力並為自己的生活承擔責任。

政治

「就像你的性命取決於它那樣去投票」不僅僅是一句流行語，政治可以定義和驅動我們的生活，但很少有空間留給互惠互利和關心。一般來說，其政治和信仰被認為是支持我們的自身利益和生存的那方，就是我們所追尋的對象。政黨如同宗教，總是處於對立狀態：「既得利益者」支持能夠強化自身社經地位的立法方式，而「非既得利益者」則針對相反的法案、政策投下自己的一票。雙方都感受到對方的威脅，互相猛烈攻擊，不願向對方學習。

政黨聯盟與宗教信仰一樣，也影響了數個世代。許多人投票並非根據當下和未來的思考，而是受到系統的歷史立場影響。子女經常站在家庭的立場投票，這都是為了證明父母是正確的，以及自己很愛他們。如果有人敢於擁有不同的想法，可能會導致痛苦的分裂。無論當前的政策多麼有害，都必須支持自己這一方，因此，我們看到大眾會為了一項制度或一個政黨的生存，而盲目地違背一個國家或團體的明顯最佳利益，做出的錯誤政治選擇。

在一些多部落的非洲國家，你就算再討厭部落的首領，還是會投票給你出生的部落，因為「投票給其他部落的人」這個選擇不在考慮範圍之內。有些領導人甚至會屠殺反對黨派，儘管世人知道領導人這麼做是錯的，但沒有人膽敢以其他方式投票。在西方，雖然我們的領導人可能不會真的動手殺人，但會在媒體上互相殘殺和誹謗對方。然而，這只是充滿了衝突議程和不斷努力「得到屬於我們的東西」的政治事務。

我們很容易就可以發現一個人的政治背景，那些有著共產主義「祖國」根源的人，可能會有數代不敢開口的親族，像「隔牆有耳」和「最顯眼的人就會成為目標」這樣的系統句在其家族中非常常見。又或者在美國，諸如「象會工作，驢僅踢腳」之類的口號闡釋了保守的觀點和對嚴苛職業道德的自豪感；「以民為本，一切為民」則體現了更為自由的觀點。

作為一種元模式，如果一個政黨或制度堅持「盲目忠誠」和「舊有反對方式」，而不是進化成一個建立在合作基礎上的制度，就可能會演變為無政府狀態、獨裁和分裂。它會回到過去，而不是創造未來。前進的道路是找到一種比反對更包容、互惠互利、「更好」的方式。

種族主義和種族滅絕

「我比你好」這種元模式源於宗教和政治，其本身是關於失去地位和財富的恐懼。「我因為基因比你更好，因此有權統治你」、「我因為膚色更淺或更深而比你好」、「因為我的上帝是真正的上帝，所以我比你好」、「因為我的政治制度對於所有人來說是正確的制度，所以我比你好」。在納粹大屠殺期間，如果你沒有金髮碧眼，就會被送進集中營；在盧安達，你可能會因為鼻子形狀不對而喪命。

當一個自以為是的系統將另一個種族群體判斷為「較差」時，就會出現種族主義，為各種卑鄙的行為和選擇辯護。原本的「貶抑對方」逐漸演變成「邊緣化對方」，從而發展為導致社會和經濟暴政的種族隔離制度，甚至是去人性化和奴役。較小的系統受較大系統的影響，最終會做出、想出、說出和體驗到無法言說的事情。

最後的結果可能是種族滅絕，這種情況會發生在一個自以為是的系統，壯大到接管周圍其他系統的時候，而這個「自以為是的系統」通常會出現一位極富魅力的領導人，同時也害怕著自己的失敗或被排斥。世人發現自己陷入了政治或宗教認同的狂熱之中，被領導者用自私自利的政治宣傳餵養著，以看似完全合乎邏輯的理由屠殺他人，直到他們終於睜開雙眼看清一切，發現自己是如何被利用，以上帝或某個暴君的名義做出的可怕事情。

若我們追溯元模式的成因（包括種族滅絕在內），經常會看到它們是如何從單一個人特質或一組代表需要被看到、被表達或被完成的模式開始的。希特勒就是一個很好的例子。

希特勒的父親阿洛伊斯．希特勒一般認為是富有猶太商人的私生子。他痴迷於軍旅生活的榮耀，經常穿著軍隊制服虐待兒子，一直到他在兒子十四歲時過世為止。這引發了兒子對猶太人的扭曲仇恨和對軍事權力的渴望，讓全世界陷入了一場恐懼烈焰中。從系統的角度來看，如果希特勒是一名排列個案，我們可能會懷疑他是否在不知不覺中承擔了父親的痛苦：「為了我那不被猶太人承認的父親，我會摧毀猶太人，沒有人會再次讓我的家人（我的國家）處於那個狀態。」

種族滅絕的模式有時候會影響好幾個世代和整個國家。大屠殺倖存者的孩子常在無意識忠於祖先的苦難和受虐的情況下，掙扎求生；同樣地，屠殺參與者的子女也難以茁壯成長，因為他們對祖先的所作所為充滿愧疚。也就是說，我們讓受害者和壓迫者模式都保持活力，還將它們傳承給後代子孫。

奴隸制

奴隸制是「受害者—壓迫者」元模式的例子中，留有完善記錄，但還沒有透過單純好奇的角度（而非判斷）探索過的一個。在奴隸制元模式中，只有某些模式允許被看見，其他模式被掩埋。在這種模式下，被奴役的人只能被視為受害者，而非具有無限潛力的人。奴役者只能被視為心腸歹毒的壞人，任何他們所做出的正面事蹟都會被忽略。我發現這部分的歷史很重要，因為系統的本質是讓那些被壓制和未被承認的東西不斷重複和擴展。

當然沒有任何理由可以宣稱奴隸制是正當的，我們需要承認已經發生的可怕過去，尤其是奴隸制所傳承下來的元模式，但我們也需要意識到，這其中也創造了一些優勢。受害者—壓迫者的元模式在無數代人中不斷重複，除非雙方都面對議題，療癒並接受已然造成的創傷，否則我們將繼續看到分裂和系統失衡。

飢荒和流行病

前面的章節有談到荷蘭「飢餓寒冬」的影響，以及那次飢荒如何影響後代，他們展現出焦慮症、飲食失調和肥胖症。不過，一九一八年西班牙流感大流行的代際影響，目前相關研究還不夠多，此外，雖然現在想知道COVID-19大流行將如何影響後代還為時過早，但無疑會受到元模式影響，因為整個世界受到了極大衝擊。

我們已經看到種族主義、意識形態和文化主義的問題出現，弱勢群體受到的負面影響最大。個人自由不是以犧牲許多人為代價而獲得維持，就是為了支持全球合作而受到限制，若想拒絕則會受到指責。我們看到疾病被政治化，科學與陰謀論對立，政府與個人對立。某些群體在指責其他群體要為此負責，甚至還有人想消滅那些來自最初發現這種病毒的國家的人。

「社交距離」所導致的分隔正在破壞家庭和朋友、學校、鄰里和社群，但這個政策是為了讓大家能夠存活下來。全新的工作和經營方式正在發展，旅行正在改變，我們的環境暫時獲得了喘息的機會。適應和創新正在勇猛崛起，過時的基礎設施（例如醫療保健系統）的問題獲得重視。

這些變化是巨大且全球性的，而且肯定會在未來很長一段時間內伴隨在我們身邊。

「做得不錯」的系統睡眠

所有人的心裡都有很多元模式在運作。有些是顯而易見的，如上所述，至於其他如語言、禮儀、服儀、教育、識字，和移民經歷中的階級、結構和控制模式則並不那麼明顯。然而，在本章結束之前，我想談談另一個重大的限制模式：「做得不錯」的元模式。

當我們的生活相對不錯時，會有一種強烈的自滿傾向，並臣服於系統催眠狀態。這是人的本性。我們當前的「做得不錯」系統催眠中，包含了壓力和無聊，它們是大腦中一組習慣性的、屬於人類本能的神經通路。兩者如今成為我們的生活方式——維持朝九晚五、枯燥重複但報酬豐厚的工作，每天走相同的路線上班，周六晚上去酒吧，周二出門吃塔可餅，看電視，倒垃圾。我們疲倦地過完一周，然後在準備好重新開始之前，匆匆度過周末。

我們按照系統的要求去做，做得不錯、過著相對美好的生活，不要有太多劇烈改變，然後……這一生就這樣結束了。我們要是真的反抗這股自滿和無聊，希望獲得更多東西時，經常被告知應該腳踏實地、努力工作、戮力向前，例如聽到別人說：「能有一份操作員的工作對你爸那一輩來說已經夠好了，對你來說應該也是。」旁人總是再三告知夢想不會帶我們去任何地方。

事情絕非如此。如果你到目前為止有些收穫，我希望無論你現在的生活如何，它總是可以變得更多、更好，因為你可以改變。當我們允許自己想要更多，並為自己設定目標、盡己所能來實現時，就會啟用另一種所有人都可用的元模式，那稱之為「想要更多、成為更多、擁有更多」。

美好的生活並非一蹴可幾，特別是在考量到所有可能阻礙我們前進的系統模式。然而，一旦我們看到舊的模式，掌握它們，在系統中給予它們一個停歇處，然後開啟夢想，我們就在屬於自己的道路上！

系統性墊腳石#15 處理元模式

你在思考自己的局限、障礙、願望和進化時，能夠辨識身上的元模式可能很有用。這有助於確認你陷入困境之處，以及如何提升自己。後面有幾個可以詢問自己的問題：

- 你是否發現自己對其他性別有強烈的看法？你的家庭系統或工作環境是如

何對待性別？你是否發現自己傾向與某一種性別的人爭執？或者你找到能跟所有人互動的方式？

- 想想你的原籍國，以及你思考、行動、穿著、說話、吃飯、對待金錢、建立人際關係、專業行事、慶祝、甚至悲傷的方式。請填空並對自己說：「身為（美國或你的任何原籍國）的公民，我們會＿＿＿＿＿＿。」如果你繼續延伸這個句子，就會發現一個令人著迷的系統句，以及你賴以生存的規則列表。
- 你的基因譜系中是否有人受到戰爭、飢荒、移民、大蕭條等金融災難、恐怖攻擊、流行病的影響？他們是這場大戰的一分子嗎？
- 你的基因譜系中是否有人屬於帶有高度特定觀點的種族？
- 你的系統中是否有受害者或迫害者？任何隱藏的祕密？
- 你是曾發生種族屠殺的文化或國家的後裔嗎？你代表的是哪一邊？你是否發現自己排斥他人，或是多元化和包容性的擁護者？你是否背負著先人的罪惡感或恥辱感？還是你透過改變來傳承下去？
- 是什麼在請求透過你成長？在一個因意見分歧而四分五裂的世界裡，你能做些什麼來實現健康的改變？

元模式只是了解你可能正在沉睡的方式，以及如何醒來的線索。根據前述問題的答案，請問問自己：

- 我最深的挫敗感、局限或卡關在哪裡？
- 造成限制我的禁忌或挫敗感的大型元模式是什麼？是什麼規則讓我無法打破，乃至無法抵達想去的地方？
- 我如何告訴自己這件事，以及我讓它對我／對他人代表什麼意涵？
- 現在，我真正想要的是什麼？（你逃離元模式的方法就在你的夢想中。）
- 關於比正在阻止我的元模式更大的夢想，我能對自己說什麼？有什麼新的想法會啟發我？
- 我怎樣才能對於一種能推動我前進的方式感到興奮至極？
- 哪些更高層次的思想、情感和行動將鎖定這個新方向？

請記住，發現元模式和驅動你生活的歷史時，請不要氣餒。請感到興奮，你的祖先所做的每一件事都在這個你可以轉動和改變的時刻達到頂峰。我們都在這裡為彼此服務。請理解這是更高層次的學習。

PART

FOUR

人類潛能的寶藏

超越感知極限的創造

THE TREASURE
OF HUMAN POTENTIAL

Building Beyond Perceived Limits

12

挖掘你的人際關係DNA

個人關係

人際關係是系統模式的溫床，我們與他人建立連結的方式會直接影響生活品質。關係模式可被證明在我們的家庭和組織系統中代代相傳，代表我們的關係模式往往不屬於我們自己。面對重複的刺激，我們忠實地重複相同的人際關係反應，換言之，產生關係的並不是我們和對方本身，而是各自的家庭系統及其延續的模式。若願意做出選擇，我們的命運該是超越限制模式並創造更強大的新東西。

人際關係是成功、靈活、成長、領導力、深刻內在理解、成就感和幸福的關鍵。如果你在一段關係中感到迷失、被困、卡關、怨恨、憤怒、恐懼或被貶低時，很可能會以賠上自己作為代價，在你的家庭系統中延續多世代關係模式，而這對你本身和系統都沒有好處。憤怒或輕忽的父母會阻礙孩子自尊心的發展，我遇過很多個案一直回顧父母當年對自己造成什麼影響，但是你終究會遇到一個時機點，必須選擇你想成為什麼樣的人，以及你想如何與他人建立連結。光是責備同樣身在系統中的父母會使你無法成長，請停止。

良好的人際關係會發展出「與人應對」和「發揮自身能力」的強大模式，這兩者會教你更多關於你在這個世界上的身分，以及如何敞開內心、放鬆直覺、啟動大腦。健康的人際關係會教導你系統運作的三項原則（請見第一章）：如何找到能讓自己生命更豐富的歸屬方式、如何發揮自己所擁有的潛能並讚賞他人的能力，以及如何給予及接受。換句話說，良好的人際關係可以教導你如何度過充實的人生。

當你開始無所畏懼，快樂地創造連結，並感受、發揮出更高版本的自己時，就奠定了新的神經通路、真相、感覺、情感和成果。在強化後，這些成為更豐富的連結和協作方式，會帶有深刻的目的、方向和成就感。擁有良好的人際關係，生活中一切就會變得更輕鬆容易。你會有一組完整的團隊可供差遣，他們會是擁有你所需事物的人，可以為你指明正確方向，強化你對世界的體驗以及你在其中的運作方式。

系統性墊腳石#16　人際關係簽到

如果想要開始建立堅定人際關係的旅程，就要先觀察生活中有效和無效關係。請寫下你生命中兩個重要人士的名字，並描述你與他們的個別關係。

對於運作不順遂的關係，是否反映了你當前系統的模式？是否來自另一個世代的人？還是你就是開始這個模式的人？哪些事件教你以這種令人不滿意的方式與人交往？關於這些事件，你對自己說了什麼？你讓它們代表什麼意涵？這是事實嗎？或者只是你自己的真相？

你用什麼系統句來定義這些帶著限制性的關係？「我總覺得自己不配。我總是把事情搞砸。我不被賞識。」這些句子是你家庭系統的一部分嗎？請探索它們源自何方，注意你的挫敗感和夢想。挫折向你展示了需要停止的模式，而夢想和慾望則點出需要開始的模式。

請注意自己和什麼樣的人在一起。特別留意那些你對其忠誠，但沒有把你對等看待的對象。看看支配這些人際關係的限制性系統句是不是「我不夠好，不夠有錢，不夠聰明，不夠有趣」。為了讓你前進和成長，請找到讓你勇於成為更多、從更高層面思考、更快樂的關係。如此可能會讓你走出家庭系統的舒適圈，但這就是你要採取的下一步。這並不代表你排除了自己的家庭系統，只表示你是改變模式的那個人。

請留意，什麼事情會讓你感到興奮，或讓你變成想法積極並勇於前進。我曾經是一個害羞、和善、乖巧的孩子（也就是書呆子），很少在團隊裡說話，直到我開始跳舞並在無意間聽到教練對一群新老師說：「記住，大多數人都比你害羞。」這句話就這樣停留在我腦海中，而我知道如何善待害羞的人。

一句話讓我釋放了一種全新的關係方式，因為我允許一個新的真相出現並持續培養它。

三項原則與人際關係

在系統性工作和排列中，無法擁有歸屬感、感覺失序或感覺失去施與受的平衡，三者會為你和你的關係帶來痛苦。覺得自己無法歸屬於家庭系統可能會讓你有「感覺無法融入其他關係」的風險（雖然這在現實中是不可能的，因為我們每個人天生就在自己的家庭系統中佔有一席之地）。有時候，這股「排除感」是與系統中另一個被排除在外者的身分認同相關聯，而解決方案就是給那個人和你自己一個位置。排除他人也是一種「不歸屬」的模式，你所排斥的人會以其他形式出現在你的系統中。我們在這裡是為了互相學習，因此需要承認那些我們處不來的人的存在。這可以讓系統放鬆、允許我們學習。

失序是另一種可能暗示有成員「被消失」、排除於系統外的情況。如果你的人際關係失序了，你會不知道該從誰身上「獲取」，又該「給予」誰。如果你似乎總是太「偉大」——肩負重擔，總是扛起重任——其他人可能會很難與你建立連結。如果你太渺小、未能充分發揮自己的能力，你可能無法讓其他人看見你的存在。

有時，施與受的平衡難免不公，例如孩子要如何平衡自己從父母那裡得到的照顧？答案是，對於無法償還的東西，我們總是可以回報給自己的孩子和身邊的社群。

一些我們用於建立局限且失敗關係的方式

我們之所以在關係中製造限制且失敗，常常是源自與父母親的議題、雙親彼此關係議題，或更久以前的祖先議題。我們的局限和失敗也可能是基於兄弟姐妹或自己對生活中重大事件的反應。在大多數情況下，我會主要關注父母的動態，因為他們非常有影響力。以下的每個模式或動態都可以單獨寫成一本書，但現在我只想讓你快速看到是什麼讓你陷入困境，以及該如何成功。

拒絕母親的形象

我們與母親的關係始於出生前，生命透過她流竄到我們身上。或許她無法留住你，或無法以你喜歡的方式跟你相處，但她是把你帶到這個世界的人，是你生命中第一個和首要的人際關係。

拒絕母親就是拒絕生命和流動，你可能會發現在自己的個人關係和商務關係中都缺乏這兩者。我們也知道，當我們排除某些東西時，按照模式的習慣，被排除的東西可能會出現在我們身上或四周，藉由系統句、感覺、語言、自己習慣性說出的話或進行的動作，好讓我們注意到。這裡有一些系統性的「母親議題」句子及其導致的結果的例子。

句子	結果或結論
她不愛我。	我一定哪裡有問題。
她不會支持我。	我變得非常獨立和／或常生病、崩潰。
事情永遠都是與她有關。	我不知道自己是誰。
她沒有照顧我。	我很強大（big）。我可能會吃很多，也可能會用其他方式忽略自己的需要。
她眼中沒有我。	一切都是我的錯。我不夠好，無法成為關係中的一分子。
我一直都是那個要負責任的人。	我沒有支援，沒人可以依靠。沒有人會支持著我。
她沒有對我表現任何熱情或愛。	我一直都是付出愛的那個人。我一直都在付出，而且不知道如何接受。
她非常苛刻、不友善。	我孤僻而且資源貧乏，或是我以超級友善、大方來進行補償。
她會恫嚇、威脅我。	她讓我不敢發聲。我無法找到自己的位置。
我很懼怕她。	我家裡的所有女性都懼怕她們的母親。我們之中沒有任何人可以與人連結。
我不信任她。	我不知道如何接收、流動、愛或產出事物。
她就只會索取。	我一直期待她會發現我也有需求。

問問自己有多少這樣的句子充斥在你的人際關係中。如果你認為自己已經擺脫了母親，請看看她的人際關係，然後注意你模仿她的方式。請寫下你從母親那裡聽到的系統句，觀察它們是如何塑造你的人際關係。

你與母親的關係，通常帶有你對伴侶或周圍團體的態度調性。擁有一位疏離的母親，代表你會過於自給自足，而這會在你與他人建立連結、讓他人進入你的生活時產生問題。當你與媽媽的關係良好時，往往能建立穩固、健康的人際關係。如果你無法輕鬆地與她建立連結，可能就會發現自己與更痛苦的模式建立連結。**我們再怎麼有意識地不想這樣做，仍舊無法擺脫對家庭系統的無意識忠誠。**這都是因為那裡的東西是看不見、未解決的。如果你不能公然與他人連結，就會偷偷地連結。即使我們認為自己不想歸屬於此，但我們總是在尋找歸屬的方法。

若你是女性，在想像自己可能成為什麼樣的母親時，應該是不會想成為你拒絕的人。如果你拒絕自己的母親，可能會發現自己難以在工作領域中找到方向、變得公主病、無法完全取得自己的地位，或者難以與女性同事互動。若你是男性，拒絕母親可能會影響你的孩子與他們的母親的關係，以及你和女兒的關係（她們未來可能會成為母親）。

你可能會覺得，由於我並不認識你的母親，要說出「不要拒絕你的母親」當然很容易，但事實是：**系統並不在乎**。你總是會從母親那裡得到一點東西，像是你的生命、她的眼睛顏色、她的頭髮——請全然接受它，並對它產生感激之情，你所能取用之物就能轉換成珍寶。請在你的心中給她一個位置，也請記得，有意識地察覺並不代表你們就要言歸於好或天天住在一起。

拒絕父親形象

父親把你介紹給這個世界，並向你展示生命的可能性。你的存在始於父親，沒有他就不會有你。如同你的母親，他掌握著許多關於你是誰、現在不是怎樣的人，以及可能成為誰的線索。當你拒絕他時，就是拒絕讓自己接觸到可指引你走向夢想生活的線索。

以下是你可能會聽到的一些「父親議題」系統句，以及一些自發性的回覆：

句子	結果或結論
他不愛我。	因此，我先拒絕他。
他不會支持我。	我會證明自己給他看， 或者總自覺是個失敗主者。
事情永遠都是與他有關。	我不知道自己是誰。
他沒有照顧我。	我會找別的男性照顧我。
他眼中沒有我。	我會不計一切證明自己 值得被注意。
我一直都是那個 要負責任的人。	我一直與小看自己的人相處或 聘雇這樣的人，我試著讓他們長大 （藉由取走他們全部的位置）。 如果他們可以擁有他們的一席之地， 我也可以擁有自己的。
他沒有對我表現 任何熱情或愛。	我一直都是付出愛的那個人。 我變得索求無度。
父親非常苛刻、不友善。	我不時覺得自己做錯了什麼。
他會恫嚇、威脅我。	所有男性都讓我恐懼、 對我惱怒或生氣。
我不信任他。	我對於與男性建立 人際關係感到困難。
他只會對所有人頤指氣使。	我在男性身邊總是被貶抑， 或者我也變成一名惡霸。

問問自己有多少這樣的句子存在於你與男性的關係中。我們與男性和身邊世界的連結方式始於我們的父親，尤其是在商業世界中。當父親在我們的生活中是一個強壯、健康的角色時，女兒們會與男性相處愉快，兒子們會效仿父親。

如果觀察父親的多世代模式，會注意到我們在世界上的表現通常會以「我們與父親的關係」以及「他們在世界佔有的位置」為參考，尤其是在工作領域。在個人關係中，女兒即使拒絕父親，她仍然會找到一種隱微的方式與他建立連結——通常是透過與父親相像的男性約會，無意識地試圖平衡或完成她所拒絕的關係。對男性的不信任可能會主導她的個人所見範圍，儘管她可能想要一段關係，但她可能會無意識地破壞它們，就如同她拒絕父親那樣。對父親的拒絕可以延伸到對所有男性角色的拒絕。

拒絕父親的兒子往往難以體現自己完整的男性本質，舉止中會缺少某種男性力度和力量，反之亦然，因為他們可能缺乏養育男性的能力。他們不曾得到的東西可能會在他們的孩子身上重演。

當爸爸在實際生活或情感面缺席時，可能會導致孩子們產生一種高能見度的驅動力，為了證明自己值得被看到，並無意識地試圖讓父親看到自己。即使他們刻意拒絕父親，但內在的連結動力仍然存在。父親缺席的孩子也可能難以感受自己的價值，覺得自己有問題，因為父親當初沒有選擇他們。

無論在場還是缺席，父親都是我們生活中的重要角色。在傳統和原型上，他是一種追求目的或目標的外顯能量。請為了「找尋機會讓你在所處世界中的地位最大化」的驅力和渴望而感謝你的父親。就像母親一樣，你一定會從父親那裡得到一些東西，並對此表達感謝，就算只是「你的生命」本身也好。

不平衡的親子關係

當父母任一方先向孩子尋求情感支持，將他們視為朋友和知己時，會讓孩子失序，並讓孩子背上「必須滿足父母的需求」的重擔。孩子一旦變成了代理伴侶，可能會被迫選邊站或者聽到雙親其中一方的不堪祕密。父母若沒有先尋求彼此的支持，孩子可能會試圖成為讓家庭團結在一起的黏著劑。

在此同時，我們有時也會忘記父母與孩子之間的關係是雙向的。這種關係不只是讓父母表現而已，也是讓孩子有機會實際練習他們的人際關係技巧、提升他們更高階的能力。因此只要親子關係失衡，我們可能會看到索求無度的孩子，覺得自己獲得的永遠不夠，而筋疲力竭的父母則等不及孩子趕快離家、念大學。

認同在關係中失敗的父母

女兒特別容易在關係中重複母親的模式，又或者反過來，藉由驅趕任何表現出跟父親相同的感知缺陷的男人，希望自己不會重蹈覆轍。兒子也一樣，通常會遵循著父親不信任女性的模式。

我們內在有著深層、無意識的忠誠在說：「媽媽／爸爸，你不必獨自受苦，我會像你一樣在人際關係中失敗。」在這些情況下，我們對系統的無意識忠誠會勝過個人慾望。孩子有時候能幸運地看清父母的關係，知道自己不想重複這些模式，然後做出不同的選擇。謝謝你們，爸爸、媽媽。

中斷的連結

有時候父母會離開幼兒的身邊長達數天，這種連結的中斷通常不是父母的錯，但孩子會深感震驚，無意識做出嚴厲和具有破壞性的內心決定：「每次我需要某人的時候，他們都不在我身邊，因此我再也不相信人際關係。」

這種深刻的內在「真相」能夠在與他人真正交流時，持續存在並阻止其他關係的形成。這當然不是事實，只是一個孩子無意識地對一件事做出的決定，然而隨著時間過去，這樣的決定導致他們不信任任何人。

不公平和難堪的離婚

離婚從不是件美事，難看的離婚會透過系統句、想法和感覺對孩子的系統造成影響（無論是當前還是後續的夥伴關係），產生意想不到的情緒DNA。沸沸揚揚的離婚互動可能包括以下狀況：

- 收入較多的伴侶可能覺得自己有權拿得更多。
- 收入較少或全職負責家務的一方，可能會發現自己充滿怨懟，只因為過去為了家庭放棄職涯，現在就變成地位較低的一方。
- 獲得較多的人和獲得較少的人，都為孩子建立了情緒DNA模式。
- 以前對育兒不感興趣的一方現在會積極與孩子互動，希望能利用孩子索取更多金援，或者以此作為控制前任伴侶的一種手段。
- 那些瞧不起前任伴侶的人如果再婚生子，可能會發現自己陷入困境。從新的感情關係中誕生的孩子，可能會成為夫妻之間的障礙，因為這是將被排除者重新納進系統的方法。這個孩子無意識地知道雙親是因為虧欠（那個離開前段婚姻的）某人，才能讓自己的誕生成為可能。
- 如果前任伴侶受到貶抑，現任伴侶會知道自己很可能有天也會遭遇同樣的對待。
- 孩子承擔著必須駕馭兩個系統、創造兩種取悅父母的方式以獲得安全感的負擔。
- 孩子沒有安全感或覺得沒人關心自己，感覺到潛在的緊張、對立，並對於傳給自己一半情緒DNA的父親或母親缺乏感激。

- 孩子經常會表達出父母未展現的憤怒，將自己置身於不屬於他們的事務之中，然後變得格格不入。

其他具破壞力的關係動態

還有更多會影響個人關係的其他因素，例如財務問題、收入不均、單薪家庭議題（其中一位伴侶選擇留在家中照顧孩子和家庭）、夭折、流產、墮胎、收養或送養孩子等。以下是一些更常見的觀察：

背叛和外遇——背叛和外遇會限制人際關係，排除我們本應愛的人，也排除誠實，進而瓦解信任。被背叛的伴侶可能會感到被唾棄，或者過分寬容出軌者。如果後者佔上風，這將使他們處於「高人一等」的優勢地位。背叛者可能會感到內疚、渺小、憤怒或為所欲為，這使他們處於「低人一等」的地位。這可能會導致系統失衡，使產生問題的人感覺被當成孩子般對待，可能又去尋求安慰（另一段外遇），使他們能夠再次感受到自己擁有如成人般的地位。

依據與生俱來的家庭模式，我們有時會發現數個世代的男人都在差不多的年歲離開家庭、去「發現自己」。如果童年時雙親任一方消失了，你一直處於找尋失落的這一方的狀態，因此無法與當下自己的伴侶好好相處，也有可能發展出外遇。

這種情況的外遇主要跟你的原生家庭有關，與你身為伴侶的角色較沒有關係。

以系統性方式獲得平衡的解決方式，就是關注已經發生的事情，並認真對待它。花時間思考和冷靜會有幫助，時間長短應該由受委屈的人設立，這樣當雙方碰面時，才能好好進行有意識的討論，並宣告平衡的結果。在問題得到充分解決並達成協議後，它必須在伴侶關係中佔有一席之地。這段背叛不該在每次爭吵時都被翻舊帳，每個人都必須了解是什麼樣的模式想要停歇，以及什麼樣的模式已經準備好透過他們成長。

因為曾嚴重傷害某人而贖罪——傷人者通常不知道該怎麼辦，他們無法繼續前進，因為事情並沒有解決，受到傷害的人也沒有放手。他們被困住了，最終導致這樣的態度：「如果我造成你無法繼續向前，我自己怎麼敢過好日子？」

我們變成了受害者和加害者，為了報復我們所做的事情而傷害自己；若非如此，我們會尋求寬恕，但這可能會再次傷害受害者。

我在互相傷害的伴侶身上看到了這一點，有時也在墮胎或將孩子送去收養的女性身上看到這一點。有時墮胎者會感到內疚、內心可能非常苦痛。解決方法是直接面對發生的事情，承認它的影響，然後詢問自己可以學到什麼，做出能夠帶來平靜與成長的選擇。

請嘗試看到想要出現的模式。「我將從在此發生的事情汲取教訓」就是一種力量，而當你能夠看到這種模式時，這個洞察就變成了你可以給予的禮物，讓生活變得更有生命力。你學習並獲得目標，而不是停留在相互指責、自責和自虐的模式中。

貶抑的語言——我們都曾說過貶低的話語，像是廢物、不會開車的笨女人、只會偷東西的小賊等。請停下來仔細看一看，是否發現自己對周圍的任何人或團體發表過貶抑的語言？那是從何而來？它是如何限制你？你怎麼可能在腦海中與這樣的元模式話語建立能夠提升、快樂、促進成長的關係？

每次發現自己正在對個人和團體貼標籤時，這就是按下暫停的絕佳時刻。我們不僅貶低了別人，還將他們和我們自己排除在歸屬之外，誰會願意加入一個貶低他人的群體呢？你能透過排除他人做到的只有限制你的人際關係。

請記住，你對他人的判斷和評價將決定你與他們的關係，以及他們與你的關係。

系統性的離婚方法

分道揚鑣有時候是一對夫妻最健康的選擇。當事情無法再按照計畫進行，而且兩個人都決定分手時，有一些方法可以做到「系統性離婚」，讓雙親和孩子都更輕鬆，並學習離婚後的人際關係藝術。

- 你們兩個人的事情就應該留在兩人之間，這些爭端不屬於你們的孩子。他們太小了，若把孩子牽扯進來，會使他們失去秩序、進入代理配偶的位置。
- 你正在為你的孩子設定關係模式。你希望他們向你學習到什麼？
- 有能力說出「你在這段婚姻中得到的贈禮」可以給予這段婚姻有分量的地位。這能教導孩子和離婚的配偶去尋找關係中的好事，使他們能夠發現自己珍惜什麼，又會做些什麼不同的選擇。一次好的整理會促進每個人成長。
- 承認每個人為婚姻帶來的贈禮，這將有助於友善地分手。
- 向孩子解釋你們都會在，這代表他們不必讓自己的忠誠分裂；他們可以同時選擇父母雙方。
- 請意識到，如果你貶低、批評前任伴侶，你的孩子可能會與被排斥的一方形成一種無意識忠誠，重複不被喜歡的模式以試圖將被排斥的那一方重新納入系統。請了解，父母雙方對孩子來說都佔據心裡的首要位置，而且始終都會在，因此父母和後續伴侶各自會有所屬的位置。當每個人都知道自己屬於哪裡時，就不會產生摩擦了。
- 「承認前任配偶的存在」，對孩子和繼任伴侶來說都是安全的。

- 當每位父母都能看到過去自己是愛上前任的哪一點，就會在孩子身上也發現這些特質；在配偶身上看到的錯誤也是如此，他們會在孩子身上發現同樣的情況。
- 孩子若能在分手期間看到善意，就能在自己心中給父／母一個平衡的位置，這為健康關係樹立了很好的榜樣。

建立健康的伴侶關係

只要伴侶雙方都能明白大家不同但平等，就能相處融洽。每個人都需要對方，彼此就是對方所需，也正因如此，伴侶經常把我們帶到受傷最深的地方。他們可以向我們展示我們最脆弱的地方，為我們提供探索方向，以及將弱點轉化為優勢的機會。他們向我們呈現出家庭系統中尚未解決的問題，我們常常會試著與自己的伴侶一起解決無法與父母解決的問題。

你在建立伴侶關係和家庭，或可能處理承載家庭重擔的事務時，就會產生系統性重量。積累資產和共同創造財富也是一種連結方式，而參與可以滋養身心的活動會增強你的人際關係DNA。有時候，如果只有其中一方成長，關係就會破裂，因為有翅膀的人需要自由飛翔。如果其中一方從事能帶來成長的活動，但另一方無法參與時，明智的做法是找到互補的出口，使雙方都能為這段關係帶來活力。一起快樂、一起悲傷，為伴侶創造力量，為雙方提供安全的避風港。一起玩耍並以歡樂、韌性、勇氣和羈絆創造目標、希望和夢想。

在所有人際關係中創造力量和成就感

你全心全意地接受和給予，就會有意識地建立關係，這麼做的時候，你會自然而然地建立起豐富、有益的關係。大量的給予和接受會帶來豐盛、快樂、相互重視的感覺。這樣的喜悅不會憑空出現，而是你願意透過需要和餵養關係來增加愛的成果。你可以仰賴它、被其仰賴，可以扶持、也可以被扶持。

你生活中的每個人都會將他們的系統帶到檯面上，這有助於了解系統，能夠看到在這個人背後，以及那些在更龐大的生命之流中與他們相連的人。尊重每個人都屬於多個系統的事實，能讓我們將自己的完整身分帶入人際關係以進行探索和成長，不需要大加防備。當我們以包容的眼光、內心和思想看待彼此時，全新的事物將成為可能。

你的人際關係DNA是個人轉變的萬能鑰匙之一，你與他人的關係會訴說出你與自己的關係。如果傾聽你對自己及他人所說的話，並觀察你的關係模式，很快就會發現是什麼讓你陷入困境、是什麼幫助你前進。

建立你想要的關係，並修復那些似乎破裂的關係

第一步：相信你可以在個人和職涯中擁有自己想要的關係，無論當前的關係狀態是否有狀況，甚至是破裂的也無妨。因為如果你毫無「創造或改進是可能的」的願望和信念，你根本連試都不會試。

第二步：明確知道自己「想要」而非「需要」的事物，這是有差異的，一個將讓你擁有個人成長的空間；另一個將你與舊傷連結。

第三步：請尋找能幫助你成長、發展成為更好的人，並與他們建立關係。你可能會需要修復破碎的感情，也可能要培育新的情誼。請確保你的人際關係對你的最高利益有所助益，並確保你將最高自我帶入其中。你會想要受到這些關係的啟發，然後反過來刺激並提升它們，這是通往更光明未來的關鍵。

第四步：確認你所投入的人際關係是平衡的。當對方沒有互惠往返時，不要只是付出更多或更加努力。如果不是雙方都在為這段關係努力，請觀察自己施與受的平衡，並質疑你正在創造的模式。

第五步：享受你的人際關係，建立它們、投資它們。發展良好的人際關係是你生活中許多美好事物的跳板。你投入的越多、對它們的期望越多，你以及生活中的其他人，就會過得越充實。

13

挖掘你的人際關係DNA

商務關係

我們的商務關係是以個人關係模式為基礎，很多時候會無意識將人際關係的限制模式，轉移到職涯中，然後疑惑為何自己在事業上苦苦掙扎。同事可能代表兄弟姐妹，權威和資深者可能代表父母，因此我們便以相應的方式與所有人互動。了解自己的個人關係及其影響，讓你能夠將同樣的洞察運用於建立強健的商務關係上。

對有些人來說，想在私生活和身處的環境中，發展良好關係DNA幾乎是不可能的。但宇宙是優雅又慷慨的，所以仍有其他系統可以幫助我們發展人際關係技能，而工作場合充滿了成長機會。在商務環境中，你必須擅長自己職位的工作，也被期許必須成功方能升遷。人類與生俱來被賦予的任務就是進化，我們被允許和鼓勵去超越並成為更偉大的自己，因此有能力繞過限制性的家庭系統思想、感受和行動。我們被允許嘗試以不同的方式與人建立關係。有時候，在職涯中學到的東西，可以幫助你解決私生活中遇到的問題，反之亦然，也因此你能在成就和成長等面向，取得跳躍式進展。

客戶馬特奧的父親在他小時候對他說：只有外向的人才能獲得最高職位。馬特奧很清楚自己是個內向的人，所以很早就認定自己不太可能在職場上取得成功，應該要安於配角的身分，有這樣的想法，基本上他注定會失敗。馬特奧表示旁人都很信任他，經常希望他能多說一些。但在他家鄉拉丁美洲的文化裡，坦率發表意見被認為是很粗魯的行為，他從小就被教育無論如何都要時時服從上級。

意識到父親提出的「內向的人只能當老二」的信念，限制了他與同事及職場前輩的關係時，他知道自己必須給予「家鄉文化」和「職業生涯」各自的空間。經過一番深度思索，他領悟到自己可以利用內省的天性去觀察、評估，然後在需要的時候，以清楚且充滿鼓勵的方式表達出來。他重新定義自己的想法，接納「內向的人可以成為有思想和洞察力的領導者」的信念。他還意識到，需要質疑他人的時候，啟發自家鄉文化的禮貌使他能夠以「邀請互動」的方式提出相反意見，而非以防禦心強烈的方式進行。後來馬特奧的父親也解釋，當年那句話說的是他自己而不是馬特奧，這段父子對談又解決了另一層問題。

限制模式只有在你讓陰影面佔上風時才會是限制，總會有個積極面等著你去發現和運用。對馬特奧來說，就是回到重新定義他承襲的限制性語言，並將禁忌轉化為對自己和其他人有用的優勢。

讓自己成長也會讓你的商務關係成長

商務關係往往在兩個領域廣泛運作：交易和轉化。前者透過簡單的施與受為你提供需要的東西、需要去的地方。你提供服務、得到報酬。然而，當你與商務夥伴和客戶合作時，會釋放一種叫做「自主關係ＤＮＡ」的東西——你的更高部分散發出激情、善良、熱情、愛、快樂和幸福——就可以進行轉化轉變，從而產生傳奇的職業生涯。

身為一個資歷較淺的人，你可能會在交易關係的空間內行動。在較低級別的業務中，你會了解誰很重要、誰可以提供你幫助、以及你需要做些什麼來連結和行動。這往往更關乎於「你認識誰」而非「你知道什麼」。你提供你的技能和熱情，而你周圍的人給予你關注和指導。從這裡開始，如果你開始使用更高等的情緒去發現你喜歡或欣賞周圍的每個人以及他們的角色，不僅會提高你的能力，還會培養你的自主商業和人際關係ＤＮＡ，當你加倍努力創造價值和更深層級的聯繫時，就會發展茁壯。你先透過滿足他人的需求來給予；作為回報，你會獲得智慧、指導和持續的關係。有遠見的領導者以他們的連結能力而聞名，他們會有意識地發展這種技能。

當你在職涯中獲得和表達更高的情感時，魔法就會發生。你讓工作成為一種樂趣，從而成為別人尋找、合作和投資的人。進步是自然而然的成果。這是一種可以為你提供優勢的生活技巧。我與企業領導者合作時，每次見面都會問他們：「你這禮拜有沒有加倍努力、創造奇蹟？」這是可以讓你在成功之道更上一層樓的生活贈禮之一。良好氛圍不需要任何代價，而且人人都能受益，額外的回報就是「擁有熱情和快樂的感覺很好」。

大家常說在職場上你的人脈就是淨資產，這並不是在開玩笑。大家是想要互相幫助的，如果存在著明顯有感的投資回報率（也就是互動回報），他們就會這樣做。然而，這種交易型的關係能帶給你的突破終究有限，真正能帶領你走得更長遠並創造成就感的，是轉化型的關係。想要擁有成就感、自我突破、成為大家喜愛的請教對象，你就需要處理個人的歷史和多世代模式，以超越你當前系統的感知限制並進入快樂的境地。

系統性墊腳石＃18　交易型關係vs.轉化型關係

在職場中，你會希望能超越交易型關係，並且不斷地為更多變革動力開啟大門。在這個練習中，我希望你評估自己的職場關係，了解是交易型還是轉化型。請你注意一點，我們是在與「人」做生意，不只是看中他們的能力而已。

想一想你的工作、職涯或使命，你是什麼時候選擇了自己現在要走的方向？你還記得那個決定性的時刻或事件嗎？這是發生在你身上的事件，還是有影響力的人物對你產生了負面／正面的影響？你是否無意識選擇會包含或排除某些群體的職業？例如，進入醫療領域的人，經常將自己視為幫助他人者。

如果你是出於正面的原因選擇工作或職業，那麼在發展轉化型關係和自主關係DNA的部分，你已經處於領先地位。如果你選擇職業的目標是為了讓自己保持渺小、隱形的狀態，好跟身上的限制性系統一致或者只為求生存，那麼你可能已經建立了會停留在交易型關係的模式。請反思一下自己的想法，你是會這樣告訴自己：「我本身沒有什麼可能性，這份工作也不會要求我做太多。」或者是反過來：「我可以有所貢獻，讓我在這份工作留下影響並被注意到。」你發現兩者的差別了嗎？

你做這份工作是因為沒有其他選擇嗎？或者只是為了求溫飽？雖然兩種理由都沒有錯，但這類選擇可能會讓你與自己建立起一段空洞的關係，進而影響你的職場關係——因為你沒有呈現自己最優秀的一面。你因為沒有參與而不想成為其中一員，如此便無法產生富足的心態，為你和共事者帶來豐厚回報。

檢視一下你在成長過程中所學的職場關係知識，留意你是如何把自己塑造成特定的角色、限制和可能。「我太害羞了，沒有人會聽我的。我是個怪人，沒人想待在我身邊。」若非你根據自以為的個人限制，讓自己只能發揮有限的職涯潛能，否則你就會發現這些自我批判是非常可笑的。

請列出所有你感受到的工作缺陷，然後列出它們如何影響你的職場關係，接著自問以下問題：你有沒有把完整的自己表現出來？你對其他人在職位以外的樣貌是否感興趣？你是否有激發他人的追隨和支持？你可以在職涯中增添什麼樣的代表作？

你有注意過，那些表現卓越的人怎麼在工作中，加入一項讓他們與眾不同的小優勢？也許是贈送自己烘焙的餅乾，或是有興趣了解客戶的家庭生活，總之，他們一直在找能夠襯托自身專業的事物，持續發展他們的職場DNA。現在，你要如何發展自己的呢？

如義務般工作

很多人都深陷我所謂的「職業承諾」中，通常是某個事件改變了他們，激發他們許下承諾，要以特定的方式行動、建立連結或生活，並認為這個承諾不可動搖。舉個例子，假設你小時候和妹妹一起去游泳，她差點溺斃，幸虧及時有護理人員進行心肺復甦術，讓她死裡逃生。你感到非常內疚，自己竟然讓妹妹在對她來說太深的水裡游泳，所以儘管你本來想成為海洋生物學家，但這次的事件讓你向老天爺許下承諾，只要妹妹能活下來，你就會獻身於拯救他人的職業。這份承諾最終讓你成為一名對工作內容很不起勁的護理人員。

「職業承諾」要麼創造出非常積極的關係DNA模式，要麼就是極其受限的模式。如果你對自己、上天或宇宙做出了一個能夠激勵並給予你目標、成就和成功的承諾，這樣非常好！請用開放的雙眼和心靈來培育它，積極建立你的系統寶庫。換句話說，請運用那些可以支持這項承諾的開心想法、感覺和行動，來充實你的內心。如果你以犧牲快樂為代價來履行承諾，那麼這項承諾和工作就只是負擔，會表現在你與他人互動的方式上——通常是讓人沮喪的交易型方式，而不是轉化型的方式。

純粹出於義務而做的任何事情，都不可能使你發揮最大潛力，而發揮自身潛力才是你真正能為宇宙所做出的最佳服務。請檢視看看你承諾過什麼，它如何限制或激勵你？許多成功的高階主管從小看著父母辛勤工作或事業失敗，因此在內心承諾自己要擁有更多、做得更多、成為更多。無論你的家族是否有很強的商業頭腦，還是發現自己厭惡或恐懼待在受限的環境，因此決心過上更好的生活，你的家庭系統中仍有著許多催化劑，你該向它們表達感謝，因為這都是驅使你前進的動力。

你是哪種類型的領導者或同事？

透過一些很值得探索的模式，可以看看你是什麼樣的領導者或員工。一旦知道自己在棋盤上的位置，就可以看到你想要前往的方向，並尋找可以提升自己的行動。情緒DNA（在這種情況下為職場關係DNA）的美妙之處在於，這一切都始於你。你擁有開始重新佈局所需的一切，讓自己能夠改變和成長。

旋風式領導者——當員工獲得牽引力或確立方向時，旋風式領導者就會改變方向，「棍子」和「胡蘿蔔」輪流上場。其追隨者經常處於不平衡、疲憊和士氣低落的狀態。通常這樣的領導者會被視為救世主，但實際上他們只是在解決自己製造出的問題，這樣才不會有人發現他們是冒名頂替者，或者其實不具備旁人認為他們應該擁有的技能。這可能是源於他們對自己缺乏信心，進而轉化為對他人缺乏信心。這種動態也可能源自於混亂或找不到歸屬感。如果這類領導者願意精進自己的領導能力，或者選擇離開，整間公司的人往往會鬆一口氣。

隱藏或隱形的領導者——若領導者在公司中不容易被辨識出來，無法快速或輕鬆地做出決定，還經常說他們需要「再多思考兩天」，那麼這表示他們身後可能有別人在發號施令，像是隱藏幕後的領導者、配偶或他們願意聽從的家庭成員。員工無法與這類領導者建立關係，或是從他們那裡獲得指導，因為領導者所聽命的人正在製造一種無序的動態，並中斷公司的流動。

雙親型領導者——他們在組織中會以父親或母親的形象出現，經常讓其他人覺得自己變渺小，無法展現出完整的自我。面對這類領導者，員工和他們的關係可能更像親子，而非工作夥伴，其中最大的缺點是，員工永遠無法體驗自身的潛力，並為組織做出更多的貢獻。

不情願的領導者——他們開公司通常是為了滿足一個夢想。他們的思考特性更像是開創者，而非領導者。他們對公司的產品或使命感興趣，但不會認真思考公司的發展，也不想成為士氣激勵者或人才培養者。隨著這類公司的發展，這類領導者經常會將經營業務移交給正式的CEO處理，這樣他們就可以專注於公司的產品或使命本身。

驅動型領導者——他們習慣以結果來論成敗，可能是出身於成就斐然的家族，但也可能恰恰相反，他們是家族中第一個崛起、有成就的人，而這兩種背景都經常透過「控制」來增進歸屬感。問題是，這些領導者通常希望員工也能像自己一樣，但這是不可行的，由於薪酬等級和獎勵不同，各自的願望和期望也不同。如果領導者沒有意識到這一點，施與受的平衡就會變得不均；如果他還缺乏個人魅力，那麼員工會感到不受重視和過勞，可能就會離開。

有遠見的領導者——這類領導者會讓員工擁有歸屬感，請他們發揮最好的表現並給予認可，讓員工有一席之地。有遠見的領導者通常會得到很好的回報，並透過帶領員工踏上旅程，讓他們感受到成長的刺激，進而激發出員工的忠誠和熱情。他們付出了自我，也不吝表現他們在乎其他人。

跟領導者一樣，員工也有許多會讓他們自己陷入困境或提升的模式，這裡僅略舉幾種：

恐懼的員工——他們會將自己建構於恐懼之上的個人關係，帶到工作場所中，並且表現得好像公司中有什麼事情很可怕。若團隊感到恐懼，職場關係就無法流動或蓬勃發展，因為這樣的員工會因為太害怕而不敢盡其所能表現。這個環境對他們來說，奉獻己力並不是安全的選擇。他們只是為了餬口飯吃而工作，不確定自己是否真的屬於這裡，同時不斷等待被裁員的那一天。要了解這是出於「個人恐懼模式」還是「組織恐懼模式」，有個快速的方法是確認這種模式是否專門針對這類員工重複出現，若是這種情況，那麼這就是個人模式；如果該模式在員工身上普遍存在，那麼你就需要在組織內尋找來源。

專橫的員工——專橫的員工和領導者都是系統失序的例子。很多時候，他們試圖讓每個人都井井有條，這是因為他們找不到自己的位置。他們覺得如果每個人都找到自己的位置，那麼他們也會知道自己屬於何處。如果員工感覺自己像牛一樣被聚集、被告知歸屬於何地以及如何歸屬，職場關係可能就會變得很緊張。

反抗的員工——對任何公司來說，這類員工都是寶貴的資產。他們可能代表有某個人事物被排除在系統之外。如果我和公司合作時出現了一個位抗爭者，我們會查看哪些事物可能沒有被呈現、重視或欣賞，以及該員工或團隊需要做什麼才能安定下來。有家公司曾有一群憤怒和好鬥的反抗員工，我們回顧歷史時，發現他們是公司的創始團隊，但目前受到邊緣化，被派去支援一批更新、更光鮮亮麗的團隊。他們仍然是公司的主要支柱，只是能見度越來越低，甚至搬到另一層樓，遠離大眾。這不僅是一個被排除在外的情況，施與受的平衡也被破壞，這個團隊完全沒有任何歸屬感。於是，我們某次在公司會議上感謝他們的貢獻，加上讓他們進駐位於大樓中心的新辦公空間，內部衝突就此平息。

敬業的員工——他們反映了歸屬感、有秩序，以及在為公司服務的同時自己的需求也得到滿足的感覺。他們將公司視為自己的一部分。這樣的職場關係具備很高的投資報酬率，員工感到被需要，而且有目標感。

系統性地建立成功的企業

我第一次開始使用系統性濾鏡跟企業組織合作時，發現到它們都有自己的個性、組織DNA、隱藏模式和無意識忠誠，這並不奇怪，畢竟企業是由人組成的，並且為人服務、與人互動。

那些在家族中直接了當的事情，在組織中會變得更複雜，而且具有更大的影響力，階級（年齡資歷）就是一例。我發現，階級與組織中佔主導地位的系統或思維是一致的，可以是年齡、資歷、工作技能、利害關係人的能力和許多其他標準。如果不尊重佔主導地位的系統句或企業思維，新員工在嘗試創新或改革時，可能會莫名其妙地停滯不前。

有名受雇於某加拿大公司的年輕CEO就遇到巨大的阻礙，後來她意識到公司的主導思維和系統句是：「我們尊重長輩，長輩是有智慧和知識的人。」所以她就去向每位資深員工請益：「有些事情我不了解，你能告訴我嗎？」她給了他們一個位置，阻礙的高牆因此倒下，讓每個人都可以參與其中。

公司的興衰取決於內部關係。在經營狀況的起伏間，保持透明度可以減少投機行為，也會讓員工更願意在困難時期提供幫助。人的潛力在得到認可和發展時，會不斷拓展自己的極限。通常公司願意投資在員工身上時，他們的外部商務關係也會得到改善。他們發展出共同的語言和歸屬感，取替舊有「公司守則」的動態是「我們的規則是大家共同制定規則、價值觀和願景」。

是什麼系統限制或破壞商務關係？

在商務背後運作的是人際關係，而非僅僅是工作技能。人際關係使合作和擴張成為可能，但是，當你遇到隱藏模式和無意識忠誠時，商務關係可能會跌跌撞撞並破裂。有許多可能發生這種情況的方式，有些源於企業本身的多世代模式，另一些則源於企業內部人員的個人模式。

夥伴關係——夥伴關係與領導的秩序和平衡有關。當一方突然支配另一方時，秩序就會被打亂。這會導致「一方是領導者，另一方則處於次要位置」的感覺，關係變成一上一下，「夥伴」二字變得不準確。佔主導地位者會將另一方當成孩子對待，或覺得對方不那麼有價值。這種模式通常起源於佔主導地位的夥伴，肇因於他們年輕時被迫承擔過多的責任。佔主導地位者在擁有控制權時會感到最安全，就像他們在成長過程中習慣的那樣。這可能會破壞合作夥伴關係，因為他們不知道如何共享空間，也無法像其他人依靠自己那樣去依賴別人。夥伴關係中的另一方，通常會在其他地方尋找機會，讓自己能透過體驗「成為一個完整合作夥伴」的挫折和喜樂而成長。

兒童夥伴——這類夥伴則相反，他們當中有一部分人無法成長並承擔全部責任，經常需要有人來保護他們，並掩飾他們不能完全擔任領導者的事實。他們可能有智慧，但沒有能力與其他合作夥伴或同事建立領導關係；其他人必須清理他們的爛攤子，或在他們不能或不願意時創造方向。兒童夥伴可能患有冒牌者症候群，解決方案是探索使他們無法與他人連結的恐懼，將身上的冒牌者症候群重新轉變為「開拓者症候群」——成長並承擔他們身為夥伴的完整角色。

親職化關係——當資淺員工想要擔任領導者，或者成為比他們資深者的父母時，就會發生親職化的狀況。雙方都會失序，流動受到干擾，兩者都無法發揮全部潛力。領導者無法充分發揮完整作用、領導公司，資淺員工也無法獲得達到成功所需的指導。

三角關係——這是一種眾所周知的模式，其系統根源會在合作夥伴之間造成不安的關係和距離，若夥伴有意或無意地使用它們來製造立場和加強自己的理由，會讓更多資淺員工淪為箭靶，在立場不同的兩方之間左右為難。解決方法是讓員工保持距離，將鬥爭或衝突留在它們所屬的地方，也就是夥伴之間。若不這樣做，往往會導致資歷較淺的員工被指責「搞事」或「站錯邊」，並因此被趕走。

夥伴之間的價值觀、願景和使命不一致——這會導致公司內部出現分歧，因為各自的團隊和屬下都與直屬主管觀點一致，不同團隊之間就會產生歧異。解決方案是建立一套明確規範和彼此有共識的價值觀，讓所有員工都知道該如何連結和互動。

與願景和目標相關的不明確溝通——這個情況會在領導者和員工之間造成緊張。沒有人知道如何歸屬或相關聯，造成緊張局勢加劇，進而損害公司的方向和成果。為了獲得安全感，每個人都忙於解讀規則和最強力的領導脈絡。願景和目標越是清晰，組織的神經系統就越能放鬆。擁有明確發展路線、期望和方向的公司往往擁有更快樂的員工，更有凝聚力。從系統面來說，明確定義的職位、工作範圍和項目參數，意味著每個人都知道自己屬於哪裡、公司對他們的期望是什麼、他們應該從誰那裡得到什麼，以及需要給予的對象是誰。

家族企業——通常同時具備家族和組織動力，如果兩者糾纏不清（經常是如此），家族模式會藉由公司團隊的衝突（也就是兄弟姐妹的競爭）發揮作用。家族員工與非家族員工之間也存在動態，他們最終會感覺被視為二等公民。如果你仔細觀察這家公司，有時就可以了解家庭的狀況，哪些人有志一同、哪些人彼此不合，並依據此來領航。

總之，你的商務關係價值連城。無論你擔任什麼職位，人際關係都是成長、療癒、創造力、豐盛和滿足的源泉。你越早學會與人相處，就越早能拓寬你的人脈。如果你打算每天工作八小時，那也可能很有趣，而做出這個選擇的責任就在你身上——你對周圍人的想法，以及你對自己職業和自己作為專業人士的態度。

了解現在所在位置，到達你想去的地方

發展商務關係DNA或情緒DNA的最重要關鍵是放下對自己、他人和關係的假設、聲明、決定和理論，並且重新開始——最好是從你想達到的位置開始。

第1步：讓我們看看當前定義你的工作道德或系統性商務思維模式。你會用什麼語言描述你的職涯和生意？留意這些句子是哪裡來的呢？父母、老師、其他影響者？你要如何把它們重新構建為適合自己、超越系統限制句、模式和思維方式？

一般來說，你的商務關係DNA是以舊系統句為基礎，這些句子已經從你的家庭系統轉移到你的職場或生意領域，與你的家族系統串通或對你的家族系統做出反應。如果它已經很強大，請在此基礎上再接再厲，將其提升到一個新的水準。請找出讓你不同之處，發現你超越假設和系統句的能力。持續尋找自己的聲音，這會是你的祕訣。正如我之前所說的，它不必很大聲或很偉大，只要是純粹的你就好。

觀察何處讓你掙扎。也許你是害羞、不耐煩、莽撞、諷刺、孤僻或安靜的。這是從哪裡來的？你只要選擇一件事來改變，找到它的另一面，然後投入其中，持續努力，直到找到你獨特的方式來翻轉它。那是你的金礦，請繼續如此一一應對每一種讓你掙扎的模式，它們通常最終會成為你潛藏的力量。

請觀察你自己是很有野心，還是只想躺平，然後自問：這是從哪裡來的？是多世代模式嗎？你是否發現自己在遇到挑戰時會封閉自我或躲起來，還是你將挑戰

視為成長、探索、參與和增強連結能力機會的線索？

第2步：建立更好的商務關係以取得成功。尋找與他人相處的正面方法，也許你是很好的傾聽者、合作者、隊友。不管是什麼角色，全力以赴發展它，並為自己創造與他人有所區隔的特色，這是在建立自己的價值，請為此感到自豪並持續發展。我希望你能變得非常擅長這件事，因為這是你的贈禮。它對你來說可能看起來沒什麼，卻能帶來巨大的額外收穫。最大化「你所擁有的」和「你自己」是宇宙的餽贈。

請學習如何建立連結，並嘗試將你身邊的同儕連結在一起，或者介紹同儕與年輕後輩認識，發展出廣大的內部和外部人脈。

如果你有什麼不知道的，請提問；如果你知道什麼，請分享。如果你想迴避任何一件事情，請問問自己這個反應是從哪裡來的，它對你有好處嗎？如果沒有，那麼你可以從哪些小地方改變這種傾向，讓自己擴展當前的舒適圈和能力？願意面對問題並投入其中的人，能繞過限制模式，去學習和發展他們的商務ＤＮＡ，增加自己的機會。

請探索你對工作和工作關係的挫敗感。如果你感到沮喪，則很有可能你的商務思維太局限，或者你的能力早已超越了目前的職務。這些煩躁感正清楚地告訴你，有些事情想要被完成，這樣它就可以休息了，而另外有一些事情正試圖為你浮現，請你要好好留意兩者的蛛絲馬跡。

14

你最好的地方在哪裡？

你的成功DNA

如果你只能從這本書學會一件事，我希望是「意識到你的命運是想要更多、期待更多和成為更多，而這種轉變始於有勇氣相信這是可能的，並向目標前進」。你的命運是從內在開始崛起和閃耀，進而影響外在。對自己和生活感覺良好，放鬆並感到幸福和完整，隨時準備好接受更多，因為「更多」是你本來就做得到的，也是你與生俱來要創造的。

你只需要成長、學習、生存、照顧自己和他人，但確實這其中沒有一件事情是容易的。如果你積累了一萬美元的淨資產——基本上就是一輛二手車、一些家具和一台電視機——你就是世界上最富有的百分之二十人口之一。甚至光是能讀到這個章節，就意味著你已經遠遠超越地球上的絕大多數人。你已經邁出了人生最終極的一步：你接受了責任，並意識到在人生的遊戲中能走多遠，完全取決於自己。

在這個科技發達的數位時代，成功的機會比比皆是。曼迪・布萊蕭（Maddie Bradshaw）在十三歲時，利用把瓶蓋變成首飾和健身房儲物櫃的裝飾品，賺到了她的第一桶金。英國里茲的亞當・希爾德雷思（Adam Hildreth）在十四歲時創立了社交媒體平台Dubit，到二十九歲時，他的淨資產達到兩千四百萬英鎊。他們的下一步是什麼？

物質上的成功創造了很多自由，但金錢並不是故事的全部。富有的個案總是會來找我，因為他們想要更多，想知道自己還能獲得什麼樣的成功。他們想要有意義的冒險，能覺得自己成為一個有血有肉、真正的人。他們希望感受到與生活和其他人的連結，以深刻而奧妙的方式與他們的家族歷史及宇宙相結合。他們來找我是因為想擴大自己對成功的定義、享受家庭、擁有更深層次的目標、保持健康，最重要的是對自己的整體存在感覺良好。

我有一位億萬富翁客戶拉爾夫，他來找我說他想要成功。我詢問他所認為的成功是什麼，拉爾夫表示自己一直忙於賺錢以確保家人安穩度日，但他沒有時間享受或與人分享這些財富。對他而言，成功意味著能夠放下電腦，與家人共享美好時光，並且不會因為沒有每天工作十八小時而感到內疚。然而，就像許多受到驅動的人一樣，他害怕如果停止工作，一切都會消失。

他的父親因無法積累財富而受到羞辱，因此拉爾夫曾暗自發誓，他永遠不會像父親這樣。雖然他的父親是改變家庭系統貧困模式的引信，但拉爾夫成功財富積累這件事，已在他們之間造成隔閡，因此拉爾夫所渴望的父子連結是不可能的。我指出，當一個孩子在系統層面超越父母時，可能會讓一些父母感到失序和不足。我鼓勵拉爾夫去找他父親，說一句我們根據他告訴我的內容而組成的簡單句子：「爸爸，因為你的緣故，我……」

他們關係的變化很明顯，他父親可以給予親生兒子祝賀，並且知道自己一生中仍舊做對了一些事情。他可以完全佔有自己的位置，他的兒子可以完全佔有自己的位置，最終放下家族的羞辱負擔，現在他們整個家族都是願意為地球服務的絕佳榜樣。成功正在透過他們擴展定義，因為他們都發現了如何用自己創造的東西施展魔法。

一步一步來

對不同的人來說，成功有截然不同的意義，而且還會隨著不同時間和人生階段出現改變。因此，邁向成功的第一步是重新定義它現在對你代表著什麼。對有些人來說是安全，對有些人來說是健康，或者還有些人認為成功的重點在於事業、靈性或人際關係。因為我們深受社會規範的影響，所以大多數人對成功的第一個想法會不免俗地涉及金錢、物質和名聲。但每個人的定義都非常獨特，比如我有一位客戶將成功定義為，家裡的每個房間一年四季都有美麗的鮮花裝飾。

另一件必須理解的事是，無論「成功」來得多麼快或多麼容易，仍然充滿了前幾世代人的情緒DNA。烙印在家族系統上懸而未決的失敗模式，會很快破壞你的成功。我們看到八卦新聞滿是身懷熱誠的後起之秀突然自殺、嗑藥或失去財產的故事，讀者經常困惑地想著：「他們為什麼要這麼做？他們明明擁有一切，卻搞砸了！」

沒錯，他們擁有一切，也包括未曾檢視的系統句和模式，這些句子和模式讓他們深陷古老的家族歷史，壓垮眼前的美好人生，破壞他們不可思議的未來，並在潛意識中告訴他們不值得。除非所有的舊包袱都被看到並落得解決，否則多數的非凡職涯或新創商機，注定會在取得成就後馬上一蹶不振。

系統性墊腳石#20 追尋最棒的事物

請在一張紙上寫出你對成功的定義。（我建議你先不要跟別人分享內容，因為你的想法可能會被酸民心態的人摧毀。）書寫時不要給自己任何限制，當你發現自己開心得合不攏嘴，感覺整個世界都在閃閃發光時，就會知道自己找到了心中真正的成功——它會是無堅不摧的。一旦有了這股感覺，請持續培養，永遠不要放手。那種閃閃發光的微笑感，將會指引你找到專屬於自己的成功。

接著，請一邊閱覽紙上的內容，一邊注意內心出現的任何阻礙和負面聲音。成功的阻力與誰有關？是誰說你無法成功的？是誰告訴你，你想要的事物並不等於成功？

眼前這張紙是屬於你自己、非常私人的合約，也是獻給未來的你的一張藏寶圖。現在沒有其他人需要知道它，總有一天它會成為你的故事。

成功就是一步一步超越自己的有限視野。想當年我和母親、女兒多年來第一次決定一起去度假時，大家坐下來想像自己想去的地方。我們知道三個人都想要去海灘，但預算很緊，所有我們「不應該、也不能去度假」的系統思維和感受都出現了——「在我們家族，大家都很節儉、量入為出。我們存錢都是為了以備不時之需。」由於受制於此，我們將度假選項縮限到佛羅里達州的海灘，但是並沒有找到心動的地點，所以便（大膽地）搜尋了一下加勒比海的海灘。我們震驚地發現了許多負擔得起的美麗度假勝地，就連機票也是。有了不同的想法之後，我們已經超越了自認可能的範圍，擴大了我們的世界。

當然，隨之而來的是下一組負面的成功DNA思維、感受和行動。我們開始擔心「如果這個地方其實很雷，該怎麼辦？」「會不會是詐騙？」而最糟糕的想法是，「如果我們度假前突然急需用錢怎麼辦？我們能順利退款嗎？」等我們終於抵達當地、完成付款，發現一切都很順利，這時神經系統才開始放鬆。然後我們開始考慮安排下一個假期，並對此非常興奮，知道自己已經打破了與假期有關的限制性循環，進一步擴展了我們的假期旅遊舒適圈。

我第一次在大型中心舉辦活動時也發生同樣的事情，館方要求預先支付各種訂金，金額大到幾乎掏空我手上能用的錢。我完全嚇傻了，所有的「萬一」和「你做不到」等舊想法都出現了，帶來壓力和恐懼。然而，我認識這些熟悉的老聲音，我很清楚腦海中的限制性系統句，對於自己想要的成功也有清楚的認識——幫助眾人解開他們的情緒DNA限制，並為自己創造最好的生活。這個願景幫助我專注於目標、動力和成功，消除了舊情緒DNA的影響。我預訂了場地，活動獲得巨大的成功，然後我舉辦了一次又一次……我花了很長時間才擺脫恐懼和「你到底在想什麼！」的負面心態。但我一步一步地做到了，每一步我都把自身界限推得更遠一點。

這種穩定、漸進的成功方法很有效。如果一個夢想聽起來超出了我們的能力範圍、無法完成，陳舊的系統包袱會讓我們在開始執行之前就放棄。但是，如果我們的成功目標是自己深切渴望的東西，並且花時間去了解我們的成功基因，然後將進步拆解成許多可行的步驟，那麼，眼前就不會看到一座無法攻頂的高山！

目標和成功的七個層級

成功與「目的」直接相關，目的則與「個人動機」相關。目的是火箭燃料，可以讓你擺脫負面的系統句和程式。你的目標越清晰、越能實現和啟發，所獲得的成功就越巨大。然而，不同類型的動機會驅動不同類型的目的。

最低層級的動機是基於對生存的恐懼，例如：「我必須賺很多錢，這樣才不會像阿嬤當年那樣挨餓」、「我必須成功，讓我的孩子能搬離這個危險的社區」等。以恐懼為動力、以生存為目的並沒有錯，有時候我們確實處在這樣的狀態。但我們越是嘗到成功的滋味，就會越想擴展，看看成功還能把我們帶到哪裡、我們還能創造出什麼。我們能成為怎樣的人？隨著我們意識的擴展，物質驅動逐漸轉變為精神驅動。愛取代恐懼成為一種動力，我們從被動／受害者心態提升到創造者心態。

從系統性濾鏡看到的七個成功層級

層級	不健康的動機	創造者 ↑	健康的動機
7	無	服務	我正在服務，我理解成功的重要性就如同朋友、同盟、方向和擴張一樣。我現在既是老師也是學生。
6	無	影響	我的家族系統歡迎一部分的我。過去會造成傷害的事物，現在綻放光芒且帶來活力。我在正面的行動上取得成功。
5	無	一致	內心、腦袋和直覺都處於開放狀態。我為更大的社群服務，並同意發揮出我最大的可能性。我的命運、目的和冒險就此開始。
4	無	轉化	我願意接受更多。成功正在滲入我的 DNA 並邀請我成為更多。我為自己的人生負責，想要看看我可以承擔多少。
3	我是個冒牌者。大家總有一天會發現真相。	自我尊重	我是誰很重要，而且我說了算。
2	我需要知道我很好，而且我有所歸屬。	人際關係	我正在學著參與、給予、接受，藉以自我提升。
1	你失敗了，而我也將會失敗，就跟我們所有的祖先一樣。	生存	我選擇承接母親／父親／家族成員所無法做到的事情。

受害者

雖然我的用詞是「系統性成功DNA的七個層級」，但其中沒有哪個級別「優於」另一個級別。成功DNA絕對適用於任何你希望取得成功的生活領域。我們需要所有層級，因為有些能夠給予支持，有些能幫助我們建立新事物，另一些是有助於吸引和提升。檢視這些層級的時候，你可能會注意到自己對多個層級產生認同，這很常見。當你處於生存模式，或者在為下一步創造基礎時，就可能會發現自己處於較低的層級。當我們進入限制較少的創意空間時，往往會出現更高的層級，而限制最終會消失。另外，依據你的信念以及它們對你的意義，你的靈性傾向也可能使你進入不同的層級。

你在閱讀各層級的說明時，請注意哪些內容會引起共鳴，或是激起你的限制性想法。是什麼或是誰阻止你去想像最高層級的美好和幸福？是什麼或誰阻止了你去編織你的夢想？關於成功和目標，你是告訴自己什麼？你是否被這些話嚇到了？

一至三級：盲目、被動、封閉、生存取向、冒牌者症候群的成功

在前三個層級中，成功DNA植根於逃避失敗和苦差事，以及對於歸屬感和連結性的需要；冒牌者症候群在這裡也是一種動力。在這些層級中，大家可能會強烈渴望以不同的方式做事、繼續前進、建立利害關係人的人脈，並創造引人注目的差異化要素。不耐煩和渴求浮上檯面，當事人可能有著一個強大的願景，但也有明顯

的局限性，以及來自於變得「太偉大」的恐懼而產生的挫敗感。

你的成功DNA在這三個層級中，可能會不知不覺偏好以價值為導向。你的思想、感受和行動往往圍繞著生存、掙扎、建立、驅動和證明自己。在這裡，生存就是「成功」，狀況大好大壞都很常見。你所感知到的局限性可能會讓人不知所措。你的驅動力大多以恐懼為導向，並且常常根據「是否有用」來建立關係。這是你的冒險開端，正在尋求第一顆成功的種子，培養利害關係人和盟友，並且在發展自己系統的同時，學習駕馭其他系統。人際政治在這裡影響非常重大，你所知道的事和認識的人很重要，因為這些連結給了你運籌帷幄的能力。

人生感覺可能像是一場艱苦的比賽、一次挑戰或一次邀請（你的態度決定了你的經歷）。你可能會覺得自己一直在努力做事，以建立穩固的基礎，讓你的人生統合並取得進展。在這些級別中，成功是有點可怕的事，你可能有很多自我懷疑。你害怕自己「能夠獲得成功的能力」，然而當你擁有它的時候，卻又會害怕失去它。好處是，你可能因此發現自己很刻苦耐勞，你可以成為一位專家，建立強大的人際網絡、找到自己的定位以識別和利用機會。壞處是，你可能會筋疲力盡，被那些腦內小劇場的批評給淹沒。處在第三級的時候，你可能會發現對自己的感受在「專家」和「冒牌者」之間搖擺不定。當你在第三級穩定下來時，會感覺自己知道得更多一些、還有一點可信度，一股焦躁不安的情緒就會蔓延開來。你知道人生的艱辛，並發現自己在思考：「人生應該不僅於此。」

第四級：成功DNA開始深度轉化，以及受到目標驅動

這個層級有著一項洞察：成功是被允許的，而且這是你自然會有的進化，有如踏上「僅屬於你的冒險」的感受。你開始會為自己的人生和成功承擔全部責任，感覺「不再是個受害者」。

在第四級，你發現成功並不關乎奮鬥和生存，而是與成就、個人挑戰和自由有關。你開始將成功視為讓人生更充實的關鍵。挑戰對成功的限制性信念、心態和感受會變得很有趣，甚至讓人興奮。與其評判他人、拿自己與那些似乎擁有更多的人進行比較，不如對「自己擁有『那些東西』會是什麼樣子」懷有好奇心。你開始想知道，若自己做一些不同的事情會怎樣？你開始質疑你對成功的定義，想知道是否還有更多可能，你開始傾聽內心的聲音，以尋找方向和靈感。

此時，你會充滿好奇心，不那麼充滿防備。你不介意犯錯或有所不知，這些可能性不再對你構成威脅。你只是想學習，內心開始敞開，這可以激發大腦的創造性。你認知到屬於自己的模式並開始探索，以尋找那些你感覺正在等待浮現、通往下個層級的線索。你開始看到周圍世界充滿了機會和可能性，而不是佈滿阻礙。在此層級中，你也會意識到「自己之所以是現在這個模樣」並非任何人的錯，責備、

羞辱和控訴他人只會讓你陷入所有卡關、動彈不得的舊模式。你開始意識到自己是人生這艘船的船長，開始有意識地辨識、打破舊模式，並創造新模式。一切從「恐懼取向」轉為「聆聽內心聲音」，你開始理解自己一直生活在一個靈性世界中，承認你的系統和它們的贈禮，甚至了解限制中的恩賜。

五至七級：公開成功、社群建設、聆聽心聲、以服務為導向的成功

你很清楚自己的聲音和貢獻非常重要。心、腦和直覺一致，目標現形，你對生活的最高願景現在成為可能。意識到世界上有那麼一段只有你能創造故事時，自己的聲音就變得很重要。你創造社群，你正在服務大眾。

在第五級，你有意識地同意成為最偉大版本的自己，這會帶來凝聚力、謙遜和創造美好生活的責任感，接著會充分感覺到你是擁有自己的聲音和社群（那些你可能會服務的人）。你的慾望增加，對自己提出更多的要求，因此自我成長是當務之急。你明白成功其實是奧妙的、神聖的，是你的一部分。你知道成功就是能量：一種活生生、流動的力量，就如同愛、健康和金錢。你的語言轉變為可能性的語言，用來塑造更美好、友善的世界。你每天都對成功表達感恩之情，越來越渴望體驗更多，理解具體的體驗是通往更深層智慧的大門。生活美好且令人嘆為觀止，你為他人創造可能的範本。

到達第六層級的時候，你就是宇宙豐盛的化身，「不同凡響」已經是你的一部分了。你擁有獨特的聲音，透過它讓自己和他人進入更高層級的表達和選擇。你整合並尊重所有系統帶來的智慧。你在世界上有所作為的同時，也知道如何賦予每個人事物該有的位置。

到了第七級，你在行動和服務上都取得成功。成功現在是你內在的一部分，你將循環和模式視為「不斷發展、成長」的邀請函。你是為他人和自己提供更大可能性的導師。

許多不凡的成功人士，最初的目標不見得是獲得巨大的名聲和財富。他們一開始可能是想要實現安全感和自由，而這些最初的驅動力跟著他們一起進化。他們越來越關注人生的可能性和自己的潛力，這股成功的衝動也逐漸擴大，後來將「幫助他人」納入其中。

回想我的職業生涯剛起步時，其成敗可說是攸關家族存亡。我們搬到美國後不久後我父親就遇害了，整個家幾乎都只能靠我一肩承擔，生活很苦。我身在一個陌生的國家，內心充滿恐懼，除了家人的愛之外沒有任何支持。我知道自己想要安全和自由，這也驅使著我奮鬥，然而光是靠對安全和自由的渴望是不夠的，我獲得的東西感覺不太像是成功。最終，我想全心全意熱愛自己所做的事情。這一路走來，我愛上那些前來求助的勇敢客戶，以及系統性覺醒和轉變為他們提供的驚人可能——我本身也受益匪淺！但是，在我能夠於自己喜歡的地方（迪士尼樂園）授課，並開始創造我知道能幫助他人找到自己魔力的內容產品之前，我仍然覺得自己沒有成功。

就在那個時候，我開始了解成功對我來說是什麼，它代表歡樂、愛、笑聲、社群、轉變，以及最重要的部分——更遠大的目標。我意識到，若大型社群中的每個人可以創造出他們最好的生活，就表示我可以與更多的人愉快地互動，一切豁然開朗。這就是我一直在尋找的魔法，是我的目標。隨著我的目標出現，所有痛苦、藉口和恐懼都煙消雲散。

成功的失敗

成功是一種習慣，這不是一次性的事情。一次性成功的人往往會發現自己焦躁不安且迷失，他們達成目標，卻不知道自己是如何達成的。他們害怕自己會失去成功，或再也無法獲得更多的成功，而這樣的發展好像證明了自己這次的成功純粹只是運氣好，而非擁有實力。這樣的心態讓他們即使成功了，也不覺得自己成功。

系統性墊腳石#21 打破限制循環

在審度自己此生想取得的成功時，要先知道你「現在」所處的位置並非未來成功的指標。你可能只是還沒切換開關而已。你在系統性墊腳石#20中，寫下了你對成功的定義，現在就來談談那些會阻礙你所渴望的成功的恐懼和限制性語句。

請寫下關於成功和失敗，那些你所想到的可怕、悲傷或壓迫性很強的句子。有哪些是你灌輸自己相信的恐怖故事？「我不能這樣做，因為我不夠好，不夠聰明，不夠有人脈，不夠勇敢，不夠＿＿＿＿＿＿」請填空。

請把它們都寫下來。你讓這些句子對你和你的成功產生什麼影響？在你的人生中，什麼時候第一次意識到失敗？是某個特定的事件嗎？你是否曾目睹家族其他人失敗？狀況是如何？那是發生在誰身上，你又是怎麼告訴自己的？你的失敗與這個「最初的失敗事件」有何相似之處？再者，你是如何告訴自己這個故事？你的家庭、文化、宗教、國家如何看待失敗？你正在重複誰的噩夢、回頭路和限制？它們對你有什麼幫助？又對你造成什麼阻礙？這些負面的成功ＤＮＡ中，有多少真的是你的？

你身體的哪個地方出現感覺？是喉嚨、胸口、腸胃、手臂、腿、牙齒，還是眼睛？也許你現在正處於最大的「失敗」中，如果是這樣，我只能說：「做得好。」失敗會透露很多關於你「不希望獲得的成功」的線索，而這有助於找出「你想要什麼」，所以請感謝失敗的存在和提供的洞察。

現在你有了這些句子和洞察，請問問自己：「什麼能讓我放下這些感覺？還有什麼事情比這更令我興奮？我準備好讓新的想法、感覺和行動開始改變我看待自己的方式，並投資時間、心力於此了嗎？」

讓成功的火車運轉

成功DNA可以歸結為一些簡單的指導方針：

- 永遠不要相信「慾望是不健康」的迷思。人類文明所知的每一項發明都源於深刻的匱乏和全心的投入。慾望越大，渴望就越多，潛力就越高。如果你在孩提時代不允許想要任何東西，請記住，彼時歸彼時、此時歸此時。目標和渴望會讓你擺脫所有的藉口，進入你的夢想生活。
- 不要批判你想要什麼，而是「選擇」你想要的。換句話說，在你的腦袋、內心和直覺中說「對／好」，然後投資你所想要的事物。無論是建立商業帝國、做編織教學，還是探索世界，只要這個目標能夠填滿你的內心和靈魂，那就是它了。不要滿足於比較「少／小」的目標，絕對不要這樣！
- 你選擇成功不需要感到抱歉或內疚。
- 培養內在焦點。尋找能夠塑造你對「成功」和「渴望」態度的系統模式和系統句。請選擇健康的，並解決不健康的，然後繼續前進。
- 培養保持高等情緒的習慣，它們能改寫大腦的思考模式，讓你擁有成功思維。

- 請認可你的家族系統和系統中的贈禮，它們能提供有關你的困境和命運的線索。
- 如果你取得的成就低於自己的期望，請再接再厲，永不放棄，你已經走到半路了。現在就繼續從你剛剛結束的地方開始前進；全心投入就是一切。
- 創造和實現最高程度的成功時，你會感覺良好、感到快樂，同時也覺得合乎道德、善良和感恩。若你不願這麼做，就會創造出模式，讓你感到空虛，也讓你的系統背負重擔。
- 即使是最小的收穫，也要認可它。認可讓你能夠注意到更多的成長機會。

最後一個提醒，你想到「成功」這件事的時候，絕對**不要把自己想得太渺小**。請讓你認定的成功開展，讓想法出現。你越是放鬆、停止為求成功而苦苦奮鬥，越是享受創造的過程、讓內心的花朵盡情綻放，事情就會變得更容易和更快樂。我會不厭其煩地強調要「深愛你正在做的事」。即使它讓你害怕，也要為它感到興奮。無論你是誰或處在生命中的哪個位置，你都可以獲得成功。你只需要全心全意地選擇它，然後朝它邁進吧。

15

給我拿錢來！

金錢關係

本章開頭我要提一個你可能會很驚訝的概念：金錢不是一種商品，而是一種「關係」。它反映了你與富足、流動、創造力、可能性和力量的「連結」與「潛力」。金錢還直接反映了你的系統語言，以及關於是否擁有它的思維。

金錢是所有人造物中，最被渴望也最被鄙視的物品，因為大多數人只從唯物主義的角度理解它。自古以來，我們對它既崇拜又鄙視，貪戀卻拒絕，批判、誤解和濫用它。作為一種為戰爭與和平、健康與疾病、盛宴與飢荒、限制與自由提供資本的全球性元力量，金錢將「富人」與「窮人」分隔開來，形成了個人、公司和國家的權力基礎。

金錢是最強大的任務大師，它提供各樣機會，不只教會我們成長，甚至也讓我們停滯不前。金錢刺激並揭露我們最深的恐懼，並且為如何實現最大喜樂提供方法。根據我們身上的個人性和社會性默契，金錢在很大程度上決定我們在世界上生活、互動的位置和方式。當我們與它有著健康的關係時，金錢就會支持我們；如果關係不健康，它會報復性地破壞我們的生活。

作為流動和富足、權力和控制、安逸和優雅生活、慷慨、貧窮和苦難的象徵，沒有人會懷疑金錢的重要性。即使我們背棄金錢，它仍然會對生活產生強大的影響。金錢DNA在我們所有人身上，都是非常活躍的，因為數千年來，金錢都是人類生活的一部分，「金錢」和「我們祖先與它的關係」必定會影響我們，每天都在形塑我們的未來。

我們又愛又恨的寶藏

你會貶低並辱罵全心全意支持你成長、富足、流動、獲得可能性和機會的朋友或商業夥伴嗎？當然不會。然而，對於許多人來說，即便在需要和想要享受金錢的時候，「放棄金錢」似乎是一種榮譽。它很少被我們視為朋友。意識到生活中沒有其他東西像金錢那樣臭名纏身，我才終於承認金錢不僅僅是一張紙或銀行帳戶裡的數字。

三歲時，我喜歡採集院子裡的美人蕉的種子，因為我發現這樣做可以讓我媽種更多，然後它們就會開出更多的花，然後結出更多種子，以此類推，我們最後就能擁有一片花田。我對於豐盛可以做什麼，以及豐盛如何拓展美麗的事物有一股天生的直覺，可說是我這輩子第一次接觸到某種形式的貨幣。

五歲時，我開始在路邊撿空瓶子和瓶蓋換錢。我還記得自己想像過，這些累積下來的錢可以用來做什麼？我想找出能讓這股流動發生的各種方法，並且用這些錢換取能夠與他人分享的冒險。

然而，我也很習慣聽到「善良、誠實和金錢無法並存」的說法。因為善良和誠實對我來說是非常重要的價值觀，所以便下意識開始躲避金錢。我很快就體現了系統句「不要貪婪」的事實，創造出「剛好夠用」的現實，所以我那小小的夢想當然是告吹了。

青少年時期的我曾和朋友晚上去賭場玩。我手上分別拿著朋友和我自己的代幣，結果在玩吃角子老虎機的時候，我不小心投入了三枚朋友的代幣，結果中了一個小獎——金額對我家當時的經濟狀況來說，是不無小補的。我想大多數人會選擇拿自己的三枚代幣補給朋友，但我不是，我認為既然是用他們的代幣中獎的，那麼獎品也就屬於他們。所以我把全部的獎金都給了朋友。

我長大後回想起這件事覺得非常震驚，因為我突然意識到，無論有多少錢試圖流向我，我都在不斷推開它。我無法獲得或增加金錢，因為我對家庭系統中「只能榮譽、正直或金錢二選一」的忠誠心，不會讓我這樣做。由於我只會把錢看成是壞的、錯誤的，或者是我應該努力爭取的東西，所以它在我的生活中沒有好的容身之處，我們更不可能成為朋友。

這個理解促成我第一次的「與金錢對話的散步」。我對與金錢的負面關係（以及對我在人生中擁有的少量金錢）的事實，感到疲倦和沮喪。我看著周圍的世界，好像有很多非常善良的人也很多錢，並且利用錢做許多好事。我注意到自己也想這樣，所以，我決定出去走走，和錢來段對話——沒錯，真的就是一段對話。

「早安，金錢。」我大膽地說，口吻甚至是非常正式。「我大半輩子都有注意到你的存在，但我認為我對你的了解還不夠多，無法與你建立良好的關係。我真的很想在我的世界裡擁有更多的你，所以，好好認識你似乎很重要。」

我嘴裡說出的下一句話，以及隨之而來的情緒讓我大吃一驚：「我想我從小就認識你，而且喜歡你的真實樣貌。」說出這些令人驚訝的話時，我感覺到一種轉變，引發出淚水、洞察和記憶的洪流——從我收集美人蕉種子、打造出一座美麗花園的記憶開始。你能相信嗎？那天我在回家路上撿到一張十美元鈔票、一張二十美元鈔票和一張一百美元鈔票，它們就在三個不同的地方等著我注意到！光是那次散步的回程上，我的財產就多了一百三十美元，一個簡單的新系統句一遍又一遍地冒出來：「看看你所做的改變，一切都沒問題。」

一切當然都沒問題。我的系統語言和繼承的金錢DNA，使我處於與金錢、富足和流動分離的狀態。我不得不與之建立一種完全不同的關係，並創造出我一直在教導大家的轉變。

這是這麼多年來，我第一次和金錢談話，後續還進行了很多次。我生命中有很長一段時間所擁有的金錢過少，還在這議題上建立了一些定義清晰的恐懼和限制，因此我現在渴望重拾小時候開啟的冒險，而且要在所有「該做」和「不該做」的心魔偷偷入侵之前開始。我向自己保證，會用善良和快樂的眼光看待金錢。我會探索能讓金錢慷慨和快樂流動的方式，也會在心中給它一個位置，並教別人金錢何以是一名好朋友。

改變我的金錢ＤＮＡ的旅程始於我一點一點放下抵抗和無意識的忠誠，並願意回顧一開始感覺有點可怕的地方。我必須超越系統中的那些「該做」和「不該做」，找到那些存在身上的可能性。這個過程從三件事開始：(1)創造新的想法：「金錢有沒有我過去所不知道的面向？」(2)新的感覺：可能性所帶來的隱微撩動感，以及內心允許自己嘗試和想像的細微感受。(3)新的行動：與宇宙和金錢的持續對話，將我推出舒適圈。

我最終學會不隨意給出我所能提供的服務和時間。當我因所做的事情獲得良好報酬時，我學會了說「好、謝謝」。我留意人生中施與受的平衡，這也代表我會確保自己所提供的任何東西都具有良好和公平的價值，並且不會一直過度給予。

還是孩子和青少年時，我無意識地找到了一種與金錢建立關係的方法，這種方法將我鎖定在一個特定的頻率中，我必須學會超越它。畢竟，如果我想改變，就不能停留在無意識狀態。

系統性墊腳石＃22 金錢問題

以下是我在開始學習和教導金錢DNA時問自己的一些問題，請開始問自己這些問題，有些答案會讓你驚訝，它們給了我洞察、動力、想法和方向。

1. 我是什麼時候開始意識到金錢的？
2. 我的家庭、文化和國家如何看待金錢？
3. 誰的金錢觀對我影響最大？他們說了什麼？影響是可怕的還是鼓舞人心的？
4. 我對有錢人的評價是什麼？我是如何看待他們？我會用什麼詞來形容他們？
5. 我對貧窮者的評價是什麼？我是如何看待他們？我會用什麼詞來形容他們？
6. 關於金錢，我自己有什麼評價？
7. 我對金錢最大的恐懼是什麼？

8. 我是唯一有這種恐懼的人嗎？還是這是我從家庭系統中的某個人繼承而來的？
9. 我希望如何改變這些判斷和恐懼？
10. 如果這樣做了，我的生活會如何改變？
11. 關於金錢，我可以有哪些新的想法、感受和行動，是可以真正體現出來的？

金錢和系統性原則

你可以透過歸屬、秩序和施與受平衡的系統性原則來觀察金錢DNA，快速辨識出自己卡在哪裡，並了解卡關之處的所有細節，然後你就可以開始轉化，請記住一點：你所創造的就是真相。

金錢DNA與歸屬感

家庭、組織、宗教、文化和國家系統，都有關於「金錢」和「歸屬」的種種成文與不成文規則，通常會以常識句、道德準則、寓言故事、警告和期望等形式出現。這些規則的目的是向你展現如何成為屬於這些系統的一分子，有些規則會賦予權力，有些則是限制性的，無論如何都很強大。你有多符合它們，決定了你會或不會、能或不能、賺到、擁有、保留或損失多少錢。

這些規則和你對它們的無意識忠誠，創造了一個你身在其中運作的金錢界限，每當你超過或低於這個界限時，都會敏銳地感覺到其存在。我經常看到個案無法獲得一定量的收入，只因為他們認為「這將是一筆過於可觀的金額」。你注意到將這些個案鎖在金錢界限中的系統性話語和立即性判斷嗎？

「財務系統句」和「行為」這兩者作為事件的結果，會促成整個世代的「該做」和「不該做」誕生，當你據此行事時會產生歸屬感，反之則會產生與系統分離的感覺。

與歸屬感和金錢相關的常見系統句包括：

- 談論金錢是不好的。
- 事情跟錢無關。
- 只有貪婪的人才有錢。
- 我們不需要太多。
- 愛比金錢更重要。
- 蠢蛋很快就跟他的財富分道揚鑣。
- 省一分錢就是賺一分錢。
- 好名聲遠勝坐擁萬貫家財。

如果每次接觸到錢，腦子裡都會浮現這樣的句子，你怎麼可能有積極的金錢心態呢？你還可能採取會在財務上限制你的系統性行動，重複代代相傳的金錢模式，例如：

- 不關心你的財務狀況。
- 累積信用卡債務。
- 拿到錢就花光。
- 死存錢。
- 賺到錢就把它送出去，自己無法享受它。

請找出你跟家族的金錢DNA在哪些方面出現一致的受限模式。然後回頭看看你對系統性墊腳石#22的反應，看看你注意到什麼模式。請自問這些模式是什麼開始的？你可能正在複製誰的想法、感受或行為？時時詢問自己：「如果有更多金錢，我可以做什麼？」這個問題會激發你的慾望，給金錢一個流動的地方，並加速進化。不要試圖弄清楚如何賺錢，請弄清楚如何讓你的腳離開剎車，打開窗戶，讓它流入。

金錢DNA與秩序

秩序創造了一套自己的金錢DNA模式，會影響你生活中的金錢流動。以家庭地位來說，可能是身為長子的人繼承最多財產；在一些家庭和文化中，性別對於誰擁有最大的權力或影響力有著重要影響，而金錢DNA就是圍繞著這一點而產生的。你是否發現自己的金錢DNA受到以下任何一項影響？

- 排行最大的人可以繼承遺產。
- 金錢都給家族中的男性，而女性得找個金龜婿才能確保自己經濟無虞。
- 男性要負責養家和傳宗接代。

在組織中，薪酬經常與技能、年資及性別有關。這樣也會透過系統句和行動、模式及對這些模式的忠誠度，創造出金錢DNA。你的金錢DNA是否被以下任何因素驅動？

技能

- 白領和藍領工作。
- 頂尖人才獲得最多的錢。
- 專家獲得最高報酬。
- 智囊團有額外獎勵。
- 高階管理職、中階管理職、基層人員。

任職時間

- 金色手銬（譯註：指利用公司豐厚的獎金、紅利、福利和配股等留住員工，通常用於高階人員）。
- 解雇金（譯註：Golden handshake，當員工被解雇或退休時，為了嘉獎出色工作所提供的一次性豐厚獎金，有時也有希望對方不洩漏公司機密的意思）。
- 長壽紅利（譯註：為鼓勵員工長期任職於該公司或累積一定年資而提供的獎金）。

性別

- 女性選擇生孩子並請產假、育嬰假。
- 男性主管讓人覺得強悍，女性主管則讓人覺得難搞。

我知道你可能會覺得前述這些因素都有，但這三個類別中通常會有一個佔主導地位，一旦你開始觀察自己系統中的所有言語、信念和行動，主導的那個就會變得顯而易見。了解這三者中哪些在財務上對你有幫助、哪些是有問題的，就是該更深入研究是哪些微小差異會造成這些限制的時候了。

金錢DNA和施與受平衡

根據我們的自我意識，以及在社會和家庭系統中的金錢信用度，我們會在自己收到過多或過少的報酬時，敏銳感覺到這點。然而，如果我們被培育成太過「彬彬有禮」或「不貪心」的人，可能會對這個直覺的提醒感到麻木，並滿足於能與系統和諧一致——亦即，系統的規則勝過個人現實。

那些在金錢ＤＮＡ中施與受不平衡的人，可能說出以下的話語：

- 我不需要報酬，我做這些事只是因為很喜歡。
- 認可就是我唯一所需。
- 我不需要太多錢就能過得去。
- 我沒有相應的學歷，所以沒辦法賺更多。
- 對我來說，給予比接受容易得多。
- 這是神聖的工作，我不能為此收費。

能平衡「施與受」的人知道該付出多少以及自己的價值為何，並且會努力提高這種價值。他們把個人事業視如親生子女，培育並發展它們，讓它們也可以發展出自己的財務價值。

你不必成為大律師或執行長也能建立穩固的財務狀況。我環遊世界各地舉辦活動並培訓其他排列師，也很注重提升大家的態度。這邊僅舉服務生和計程車司機當例子，我看過他們有些人賺了很多錢，有些人賺得不多。高收入的人會運用並培養對自己、他人和金錢的健康態度，他們知道「了解真正的自己」、「讓自己感覺開心並發光發熱」才是能為自己帶來想要的財富的關鍵，而非他們到底從事什麼行業。他們不斷往前邁進、向上提升，大家會想和他們在一起就是因為他們重視客戶，而客戶樂於獎勵這樣的優質服務。

在組織中，你可以很快判斷該組織是否提供公平的報酬，或者是否存在施與受的不平衡。你可能會聽到這些消極句：

- 我們每天二十四小時待命。
- 公司一直期望我們能越做越多，但薪水卻越來越少。
- 公司說我們有工作做就該知足了。
- 我們再次收到不可能的目標。
- 我們被期待投入與創辦人一樣多的時間工作，但得到的回報卻很少。

你可能會聽到這些積極句：

- 我努力工作，但報酬豐厚。
- 我總是覺得自己受到重視和認可。
- 公司的獎勵方案讓我保持參與並得到動力。
- 公司提供很好的機會讓我個人和職涯得以發展。

大眾願意為良好的服務付出更多金錢，這也等同於你的專業水準。如果你收費過高，大家會發現的，但是當你收費過少時也是如此，大家還會假設你可能沒那麼好。我們人類習慣將自己有多安全，與專業知識和價格水準畫上等號，畢竟誰不想得到很好的照料呢？

金錢基因的七個層級

一旦你開始改變金錢DNA，當前的財務狀況就不會是未來的映照。改變想法和感受可以改變你的生活，請有意識地去執行，就會加速變化。金錢與任何其他力量沒有什麼不同，正是你專注於它的方式創造了你與它的關係。

請看看下方圖片，我對這些層級的系統解釋將為你提供一種快速的方法，以確定自己的金錢DNA能在何處伴隨著你。

透過系統性濾鏡的七個金錢層級

層級	不健康的動機	流動 負起責任；為更大的系統和人群服務	健康的動機
7	無	服務	我就是富足和無限的流動。
6	無	影響	我很富足。 我享受且尊敬金錢， 我是明智的財務管理者。 我投資更好的世界。
5	無	一致	我成功了。 我還可以怎麼樣跟其他人一起賺錢？我的夢想正在成真。
4	無	轉變	「限制」不再對我或這個系統有幫助了。 我想要多少就可以擁有。
3	我不值得擁有富裕。我做的沒有多到值得擁有它。我把它送出去。	自尊	我為了自己擁有的東西努力工作。 我有錢，我有價值。
2	我的父母／系統沒有錢，而我也不會有。我不被允許有錢。	關係	我有足夠的金錢。 我被允許有歸屬。
1	我永遠不會擁有足夠的金錢。人不可能用符合道德的方式獲得財富。	生存	我會以符合道德的方式照料自己的財務需求。
		阻塞 對於家庭系統的盲目忠誠	

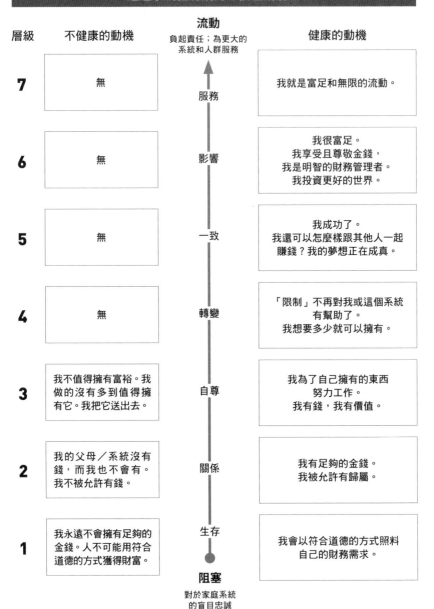

一至三級：盲目、回應、封閉、基於生存的金錢ＤＮＡ

在這三個層級中，金錢ＤＮＡ植根於生存和鬥爭。但是，正如你從前面圖表看到的那樣，我們的語言和行為可能是健康和充滿鼓勵，也可能是不健康和充滿限制性。以下是一些會在這些層級中發現的典型動態：

- 我們一直在努力做到「還可以」和擁有「夠多」的金錢，並努力表現得好像生活都在自己的掌握中。
- 我們會經歷不同程度的擔憂和不適。
- 金錢似乎是物質的、充滿威脅和不穩定。
- 我們因為自己和他人有錢／沒錢而產生批判。
- 我們的思考循環傾向於關注掙扎求生、被淹沒、存活下來、尋求暫時的解脫和基於恐懼的驅動力。
- 感覺可能會不斷變動，從短暫的滿足和放鬆，到悲傷、恐懼和缺乏自我價值、動力和決心。
- 行動的範圍從建立自我價值和專業知識，到盲目消費、囤積和自我排斥。

第四級：金錢DNA變得有變革性

在這個層級中，我們開始意識到金錢領域的受限模式，並不能為我們自身或更大的系統帶來幫助。我們突然領悟到，想法、感受和行為可能會推動我們得到某些結果。我們意識到還有其他可能性，並開始承擔責任。

- 我們開始挑戰一些自己對金錢的想法和感受。
- 我們關注那些擁有許多金錢的人，了解到他們是用不同的方法在做事。我們不再批判，而是好奇他們是怎麼做到的？
- 當我們發現「與金錢建立更好關係」是可能的、被允許的，並且可以為自己創造一些驚人變化時，我們感到非常興奮。

第五級及以上：成功、開放的心、富創造力

在第五級時，金錢DNA將我們從掙扎的狀態轉向流動，從物質主義轉向以靈性和心為主。我們正在改寫系統中的限制性金錢模式，改變財務命運。我們開始使用正面的重新解決句：

- 我與金錢的關係是歡樂、有趣且充滿感激的。
- 金錢是生命中的一股靈性力量和流動。
- 我對於金錢的想法和行動沒有限制性思想。我享受並喜歡它。

- 我承認自己擁有錢而且很成功。我展現什麼是可能的，並且也向其他人展示如何到達那裡。
- 我充滿感激。每天都感謝金錢，它會流動。
- 我是這個流動的明智管理者。我尊重它並學習它的語言。
- 我知道金錢就是能量，就像愛一樣。
- 我以金錢幫忙創造一個更美好、更友善的世界。
- 我散發著富足之光。
- 我就是富足。

創造健康的金錢DNA

你已經思考過那些家庭系統中影響成員財務狀況的事件；你還審視過你的國家、種族和文化對金錢的看法，並回答系統性墊腳石#22中的金錢問題。你已經確定了是哪個系統性原則（歸屬感、秩序、施與受的平衡）最能推動你目前與金錢的關係。現在是深入挖掘的時候了，請詢問你自己：

- 我在金錢領域使用了哪些負面話語？
- 我採取哪些消極行動？
- 對於想要錢並誓言要擁有錢時，我有什麼樣的恐懼和藉口？

- 當我的財務狀況良好時，我會感到內疚嗎？
- 我會以什麼方式破壞我的金錢健康？我浪費錢了嗎？我失去錢了嗎？我忽略錢了嗎？

現在你已經將隱藏的破壞者一一找出，請感謝它們，並把它們當做智慧和警告的源泉。這些是你想要放手或遠離的部分。現在，請讓我們看看如何構建健康的金錢DNA。

- 培養對金錢的尊重，以及尊重金錢如何以健康的方式支援你的生活。
- 圍繞金錢創造積極的語言、思想和感受。有意識地重新定義與之相關的任何限制性想法、感受和行動。
- 對於所有金錢可以來到你身邊的方式，抱持開放態度。
- 注意你如何使用金錢並從中獲得價值。
- 問問自己如何才能成為金錢的好朋友。

接下來——請與金錢對話至少兩次。

系統性墊腳石#23 與金錢交談

我每次要求客戶與金錢進行一系列交談時，大多數人認為我是不是瘋了。然而，做不尋常的事就是改變的起點，他們很快發現這很有效，最終甚至挺樂在其中的。這個方法之所以有用，部分原因在於這是一種將你潛意識的金錢問題和模式安放在第一位的方式，使你能夠專注於改變對你無用的模式，改變那些根植已久的神經通路，並轉向你所想要的。

對話＃1：關於「源頭」的對話

第一次的對話應該要以你所熟悉的東西為主題，也就是你的金錢議題和財務困難、多世代系統留下的系統句等等。對話過程中，找個東西當成「金錢代表」（例如任何面額的紙鈔）會很有幫助，請把它放在地板上或你面前的桌上，讓你可以看著它說話。請花點時間，盡可能誠實和開放。

請與金錢分享以下主題：

- 你對於金錢的想法、感受和行為。
- 你是如何談論金錢的？
- 你的父母和其他人教過你關於金錢的什麼？
- 你對金錢最大的恐懼或悲傷。
- 你為什麼將金錢推開，又是用什麼方法推開的？
- 為什麼你認為自己不配擁有金錢、無法與金錢保持良好關係？

- 一件你真的很想告訴金錢但又不敢說的事情。
- 關於金錢，你想要改變的一種想法、感覺或行動。

這段對話將為你呈現出金錢在你生活的意義，以及你如何將其轉為真實。

對話#2：關於「未來」的對話

第二次談話是關乎改變你與金錢的關係，並用它創造新的未來。只有當你真的願意訴說、傾聽和轉變時，才進行這段對話。（「轉變」意味著放棄藉口和抗拒，並願意做一些完全不同的事情。）請記住，金錢是流動和元力量（大規模影響人類的全球生命力量之一）。它可以而且也確實會回應你與之交流的方式。

以下是我希望你與金錢分享的東西：

- 你最喜歡金錢的什麼？
- 當它出現在你的生活中時，感覺如何？
- 你最喜歡用錢做什麼？
- 金錢對你來說是怎樣的朋友？
- 你在什麼方面欠它一個感謝？

在得到答案後，就該思考以下事項：

- 你與金錢的理想關係是什麼樣的？

- 你要如何實現這個目標？
- 是什麼樣的金錢模式正試圖透過你出現？
- 你理想的金錢系統句是什麼？
- 你的思想、感受、語言或行為的哪一個轉變會促進這種新模式？
- 在你的世界裡，你會如何成為一個明智的金錢管理者？
- 誰將從你的管理中受益？

在這些對話中，請記住打開眼睛、心靈、想法和直覺，並有意識地用善良、包容、享受和感激來創造你的新金錢ＤＮＡ。這會讓你保持在安全狀態，並與更好版本的你維持良好往來，讓你無所畏懼地創造。

接著，請轉換你的金錢語言。「苦難」是財務語言的一種，而「貢獻」、「繁榮」和「玩耍」則是另一種。請找出你的隱藏忠誠，並將它們重塑為強大的力量。你可以選擇遠離「沮喪」，或利用它來建立決心。請專注於你想要的，而非你沒有的。朝著某個會點燃希望的方向前進，遠離可能會導致掙扎和費力的事情。時時慶祝你的勝利，並以善意的眼光審視可能導致挫折或限制的多世代事件和家庭回饋。請記住，它們點燃了你對不同事物的渴望，請探索表面模式並選擇要放下什麼、要繼續什麼，以及要在哪裡創造全新的東西。請勇於踏出離開當前系統限制規則的那一步吧。

創造成功的金錢DNA就跟鍛鍊身體和思想一樣，是健康、快樂生活的一部分。一如你的身心健康，它需要你投注心力並形成強大、積極的習慣，以支持你所選擇的道路。

每個人與金錢的命運都非常不同，當你在生活中非常渴望有很多錢，並且敢於實現願望時，你就正在改變你的世界和周圍的社群。改變你的金錢DNA並不困難或無聊，除非你是這樣對自己說的。當然，舊癮很容易復發，我們都時不時會如此。如果復發了，請不要氣餒，找機會再重新出發就好。到底要財務自由，還是財務束縛？選擇在你。無論走哪條路，都將決定你的金錢DNA濾鏡，以及你能不能使用金錢為你及周遭的人創造更美好的世界。如果你將金錢視為朋友並與它共創冒險，那麼它就會出現在你面前。

16

身體的官方宣告

健康DNA

在系統性工作和排列中，我們經常看到當事人的身體，盡最大努力將未曾發覺的個人和系統模式帶到我們注意力中，以便能夠迅速獲得處理。我們生活中的一切都是要將「不平衡」導向「覺察」，這樣它就可以被糾正。我們的語言、選擇、情感痛苦和身體問題，都在驅使我們向內走上一條自我發現的道路，好讓我們可以運用人類獨特的能力來做出不同的選擇，並開始創造新的情緒DNA模式，幫助我們的生活變得更好。

身體是一名直率、不客氣的翻譯員，它的狀態起伏常常是很好的指南，可以判斷你是在正軌上還是偏離軌道，並對你當前所在的位置以及想前往之處提供細膩的指引。你的身體也會對世代模式做出反應，因為神經系統可不只是「你的」神經系統而已，它的許多模式、阻礙和觸發點都是傳承自多個世代的。你的一些健康狀況可能來自多年來的制約、虐待、缺乏自我價值、社會制約等等。不過，這些疾病可能在幾個世代前就已經出現過，每次觸發點受到啟動時，疾病就會透過你表達。有了洞察和意願、意圖和努力，就可以改變這些物理條件，並將觸發點轉變為你的發射台。

讓我分享一個自己的故事。幾年前，我不停旅行、演講和教學。我的客戶名單快速增長，我也確保每個人的需求都獲得滿足，因此我每天的生活就在忙著把所有事情「做對」中流逝。系統工作和排列是很重要且非常新穎的事物。我很清楚如果沒有正確呈現系統工作和排列，它們就無法充分發揮能夠幫助世人的巨大潛力。

我工作、工作、一直工作，沒有留意到我的身體需要休息和營養。我開始服用非處方止痛藥來治療因長時間閱讀文件和簡報檔案而引起的頭痛——我也沒有注意到不該在空腹時服用藥物，我根本忙得沒時間吃飯。我也被越來越多系統句佔據思緒：

- 你根本不知道自己在做什麼。
- 你必須把這件事做好，否則他們就不再想要你了。
- 這套工具太新穎了，除非你完美呈現，否則沒人會認真聽。
- 如果值得做，那就值得做好。
- 盡可能多為大眾提供價值。

- 時時刻刻不得鬆懈，否則你將失去一切。
- 以前沒有人這樣做過，你為什麼認為自己能做到？
- 要確保你演講時沒有卡住或離題。
- 你永遠不會放棄。

我很快就付出代價，有次我要從居住地德州出發，經倫敦飛往南非教課，整個人突然非常不舒服。我的胃很痛，意識時有時無。我無法進食，因為食物一進到胃就讓我感到疼痛和噁心。我知道自己麻煩大了，但還有工作等著我去做。對方出錢請我飛過去教課，所以無論如何我都要完成。每天晚上下課後，我都會渾身顫抖著上床睡覺——正確來說幾乎是昏過去。狀況變得非常糟糕，我最後一天甚至得躺在床上進行教學。

我從未病得這麼重，也沒有這麼害怕過。我回到美國時才去就醫，醫生懷疑我有嚴重胃潰瘍，想要進行一些檢查，但我拒絕了。我的工作量很大、沒有時間，而且我真的不想跑各種沒完沒了的醫療測試。於是我請求醫生給我一個月的時間，看看是否可以自己扭轉局面並認真面對。

我去找出那些與工作有關的系統句以及我對它們的恐懼，逐一寫下之後開始探索它們的起源，結果很明顯。在我的家族中，每個人都不放棄、總是會完成任務，而且會提供物超所值的服務。大家會照顧家人，確保他們無論如何都安全無虞。

我的外公遭遇了工作機會缺乏、家庭陷入困境的時期，他因巨大的壓力而罹患胃潰瘍。我父親年輕時，爺爺脫離家庭、一走了之，造成整個家近乎破產，面臨很大的生存壓力。我父親長年的胃病有部分是小時候罹患傷寒的後遺症，還有部分原因是來自於要照顧好每個人的壓力。身為「新的大家長」，我父親挺身扛起家計，因此在非常年輕的年紀就心臟病發作了。他的工時很長，至於英年早逝的部分原因是我們移民到美國的壓力，以及他眼睜睜地看著一個商機被搶走。他非常害怕自己做出錯誤的決定，會害我們家面臨危機。父親去世後，很明顯地，我有責任確保家人的安全。

所以就是這個。我的大腦和身體中的毒藥就是因為「害怕無法照顧我的家人」而產生的壓力。當我感受到壓力時，我對父親和外公的無意識忠誠就瞄準了我的胃。曾有一位老師告訴我，我的寫作能力永遠沒辦法變太好，「老師永遠是對的」，難怪我最大的壓力源之一就是撰寫課程內容和習作；難怪每次大家稱讚我的課程內容有多好時，我都無法相信；難怪每次在開發新教材時，我都想把貓咪和電腦扔出窗外。

意識到這一切後，我開始大笑。我擅長幫助他人克服自己的冒牌者症候群，然而我自己卻也卡在同樣的狀態中。我需要讓這些致命的系統模式，透過我成長為其他東西。

那麼，解藥是什麼？

- 我強迫自己接受來自合作公司和個人的積極反饋。這些合作對象不斷回來向我尋求更多幫助，是因為他們正在轉變。所以要麼是大家都蠢到有錢沒處花，要麼就是我提供了有用的東西，他們才會成為回頭客。接受現實對我來說是一種放鬆。
- 當我放鬆之後，就開始意識到我真的很喜歡自己正在做的事情，這讓我有更多的呼吸空間，甚至更加放鬆。
- 我拿出所有的系統句，並創造重新解決句：
- 「你必須把這件事做好，否則他們就不再想要你了」轉為「你正在提供有用的東西，請繼續成長並享受它。」
- 「這套工具太新穎了，誰會想聽？」變成「神經科學和表觀遺傳學是很好的盟友，大家正在傾聽和體驗變化。」
- 「要確保你演講時沒有卡住或離題」變成「我喜歡我正在談論的內容。當我集中精神時，可以談論這個主題好幾個小時。」
- 「以前沒有人這樣做過，你為什麼認為自己能做到？」變為「有人必須這樣做，而我想那會是我！」（我超愛這個。這跟我在九歲時許下要製造魔法的承諾直接相關，原來那個承諾一直深深烙印在我身體深處。）

●「你永遠不會放棄」變成「小憩片刻，聞一聞玫瑰花香也無妨。」（這個讓我可以喘口氣，做我最喜歡做的事——玩！）

●「你不知道自己在做什麼。」這個想法太荒謬了，我完全無法再抱持下去。

我看著自己的身體，不得不問自己：「什麼是你不能忍受的事情？」答案是：「沒能照顧好我的家人。」那麼，這模式屬於誰？是我的父親、我的外公、我那拋家棄子的爺爺。我感謝他們三位，讓我創造出對於追求安全的不懈努力，但現在是時候在平衡和愛的空間中放鬆、享受和工作，而不是恐懼自己會像他們那樣無法做到。如今，很多人都會跟我說，他們之所以參加我的活動和課程是因為感到安全，而安全感讓他們能夠好好探索自己的生活並改變自我。我對安全的需求不再是基於恐懼，並轉變為「為我的家人創造穩定和快樂」的動力時，這是非常巨大的解脫，也釋放出一種興奮感，讓我能看到自己可以獲得什麼成就。我的腸胃放鬆了，從舊有的恐懼儲存庫變成了內心的指南針。

一旦確定了限制性的想法和感受，我便著手一一重新構建它們。這就是關鍵，我不僅專注於當下的改變，還致力於未來的改變。我想像自己在活動中指導學員，而在看到其他人轉變時，我感到充滿愛、放鬆和有趣。我的想像如此清晰、栩栩如生，感覺真的是在體驗我未來會有的感受。一個月過後，我再次進行醫學檢查，我的胃一切都好，醫生說：「你幸運地逃過一劫。」

這並不是幸運，而是我花時間進行了亟需的有意識自我審視和重新創造，親身體驗了系統性工作和排列的力量。

身體都知道

冥想和正念練習都非常適合讓身體放鬆，但是當我們面臨功能障礙和疾病時，要讓身體按照我們希望的方式做出反應並不容易。你有試過要求自己的身體快點從頭痛或肌肉痙攣中恢復嗎？

在不解決根本緣由的狀態下要求身體療癒，就只能眼睜睜看著它拒絕。它知道有些事情不對勁，也不會讓你忘記。例如胃痛就是一個明顯的提示，要你自問生活中出現什麼讓你無法忍受的事情或人。腎臟或膀胱發炎是非常直接的訊息，要你去注意到底是什麼讓你如此生氣；僵硬和關節問題點出生活中的不靈活和固執。露易絲．賀（Louise Hay）所著的《療癒你的身體》（*Heal Your Body*）一書是深入了解身體許多訊息的重要著作。你越早傾聽並發現根本原因，身體就會越快做出反應並復原。願意、有意識和積極主動是療癒和改變的關鍵。

尼克家族裡的每個人都很害怕心臟病。他的曾曾祖父患有心臟病，但拒絕去看醫生。他在經商失敗後失去生活目標，幾乎不吃東西，四十五歲時便死於心肌梗塞。曾祖父從未走出這件事的陰影，也罹患心臟病，並在四十六歲時倒下。尼克的祖父也有心臟病，在四十七歲時死於心臟衰竭，至於尼克的父親有多照顧一點自己，吃得比較健康，並且嘗試控制壓力——他五十三歲時離世。

請注意，這股無意識的忠誠如何為家族中所有男人，創造了一條無法避免的終點線；我們也還要注意一點，每個世代男人的壽命都有比前一代再長一點。他們其實逐漸走出了這種模式，但因為家族成員被灌輸要將心臟病視為無可避免的遺傳性疾病，而非他們需要改變的模式（家族中有心臟病史，而且會取走男子性命），所以無法發展出真正打破這種模式的方法，這時尼克上場了。

在意識到這種模式、知道自己有機會以不同的方式生活之後，尼克決定：「我不會遭遇像我的祖先那樣的命運。我想看到孩子長大，還要活到能抱孫子。有事情必須改變，就從我開始。」

年輕時，尼克每天都遵循對心臟有益的飲食和運動，定期回診並服用保健食品。他不只主動學習與心血管疾病相關的知識，也學習自己還可以做哪些事情來改變，其中包括定期冥想和想像他擁有健康的心臟。現在尼克六十多歲了，已經打破表觀遺傳模式。他的孩子們注意到家族體質，但沒有被嚇到，而是把它當做打造健康生活方式的好理由。多世代人的神經系統正在從「以恐懼為根源」的生存模式，轉向「以目的為根源」的健康繁榮。

系統性地追蹤健康狀況

接受醫療行為很重要，而且身體和心理健康狀況除了我們自身的努力之外，也很需要專家的照顧。不過，為了改變你的健康，你需要了解當下的狀況及其根源。你的家族系統是否反映出「健康」或「疾病」？這兩種模式中，哪一種在你的系統中更常見？哪個具有更強的家庭吸引力？這對家族系統本身有何影響？是否有一種痛苦的模式、或一種渴望茁壯成長的強烈願望？

家族中是否存在慢性疾病或其他病症？這是從什麼時候開始的？當時發生了什麼事？這對你和你系統中的其他人有何影響？請問問自己：「這對我來說是什麼時候開始的？當時我的生活中發生了什麼事？它如何影響我？我會如何訴說這件事呢？我會用什麼樣的話語來形容這種疾病？我會做出哪些選擇？它允許我做什麼／阻止我做什麼？」

如果你正面臨健康問題，請花點時間在一張紙上寫下病情，然後把紙放在你面前的地板上。

- 走向它，注意你在它周圍時出現的想法、感受和行為。
- 它阻止你做什麼？
- 它使你能夠做什麼？

- 這種模式是從你開始，還是從家庭中的其他人開始的？
- 這種情況是如何讓你成為家族系統的成員？或者如何將你排除在家族系統之外？
- 你想對它說什麼？

要療癒你的身體，重要的是去了解它所表達的暗示、線索、起源和構成。下一個章節中的範例，將提供你探索和解決健康問題的系統性方法。請注意，這些都不是醫學建議，而是在你有意識走上的健康之旅中，十分有用的教育性和系統性資訊。

用藥成癮

成癮在系統中通常被視為歸屬問題，或更準確地說是「排斥問題」。在家族系統中承載成癮模式的人也可以承載「受害者—施暴者」模式，模式中的雙方都沒有受到辨識或被給予歸屬之處。若是在後者的情況下，雙方都同時透過同一個身體表達：「我既是傷害自己的加害者，也是受害者。」

你可能會在自身生活或家族系統中的某個人身上尋找這種模式，解決方案是在你的心中給每個人一個位置，而不是用你的身體去承載他們。這麼做就是讓他們取回所屬位置和歸屬感，負擔不應由你來承擔。你已經看到了別人不會看到的東西，現在該是向前邁進的時候了。

酗酒

這種情況通常在系統中被視為讓自己從眼前事件中「死去」的方式，換句話說，就是一個不去看、讓自己從未處理事件的恐怖中解脫出來的方式。這是一種慢性自殺，而我們必須問一個問題：「是什麼事情這麼糟糕，讓你無法直視？」又或者可以追問：「你這麼做是希望跟著誰走向空虛和死亡？」

眾所周知，酗酒會世代相傳，其源頭通常來自一個「無法」或「不會」被關注的重大事件。這會產生一種無意識的忠誠，在幾個世代的人中造成迴響。解決方案是要了解你無法承接他人的重擔；若這是你自己的重擔，那麼它對任何人事物都沒有助益。

請讓其他人以及重擔本身了解：你會用它來創造更強大、更快樂的東西，並認知到這個模式的最初創造者為何人。舉例來說，假捨你的文化受到摧毀，與其走悲傷、壓抑的道路，不如投身於讓自己快樂又成功，藉此重新定義你的文化，並讓它透過你體現出來。如果事情直接發生在你身上，請先感謝新的一天到來，並致力於發展出比現在囚禁自己更強大的感覺和想法。你絕對夠堅強，可以發展出全新的思想和感受；這代表你也強大到能充分發揮一套健康的思想和感受的作用。

使用酒精來麻痺或平息過度活躍的神經系統時，你在一段時間內會覺得酒精像是你的朋友和安慰劑，但最終，你仍會需要一步一步處理讓自己處於這個狀態的事物。這是一段系統性的旅程，最好有一名優秀的嚮導，可以幫助你看到自己的極限、慢慢地引導你，這樣你就可以釐清頭緒並逐步透過一個詞彙、一句短語、一股感覺，來建立健康的身心。

關節炎

憤怒或內疚經常以關節炎的形式出現，它不見得都是患者個人的問題，有時候是遺傳而來的。我只要聽到客戶說「我家有關節炎病史」，就會請他們去尋找是誰或是什麼事情創造了這種模式，以及它是如何在系統中造成迴響。內疚或憤怒往往會出現關節僵硬、無法彎曲，和無法表達或處理的緊繃情緒。有時我們會因為害怕使情況更惡化，而不願開口談論事件，結果就會在內部出現發炎症狀。有時，這是肇因於與歸屬感有關的議題，事件本身和被排除的議題都需要受到處理，並給予歸屬感以作為減少發炎的方式。

背痛

當我們無意識地拒絕承認祖先，和／或澈底排斥他們時，就會導致背痛和頸部疼痛。這是因為我們僵化了，拒絕被小看，不想向生命、愛和滿足的流動低頭。會有這樣的情況，可能是源自一段對系統造成衝擊的經歷，從而引發對父母的不信任。比方說，當時父母告訴孩子們「只有兒子有遺產，女兒什麼也拿不到」，或是父母花掉了你的大學學費，又或者他們有了外遇而你被夾在中間。

在家族中失序並凌駕於父母之上、不得不成為代理父母或看不起他們，也會造成僵化，進而轉變為頸部和背部的疼痛。另一種可能情況是，你還是孩子的時候被迫承擔太重大的責任，這也會在背部和頸部造成壓力。針對這個問題的解決方案，是仔細審視你的負擔，看清它造成什麼影響，同時看看你可以放下哪一部分負擔。

吉兒多年來飽受背痛之苦。她嘗試過所有醫療方法，也準備好做一些不同的事，因此前來參加一場排列活動。我們建立一個排列，為她的媽媽、爸爸和背痛安排了代表；我讓她在排列中擔任自己，而不是安排代表。排列中，吉兒雙手緊握，從父母身邊退開。我詢問發生了什麼事，她回答：「他們完全不尊重我撫養孩子的方式，所以我就不再讓他們看孫子了。」

在系統性工作中，我們有時會要求參與者向長輩代表鞠躬，以示自己承認他們的位置，並展現大家各自所屬的序列位置。於是我問吉兒是否能向走到她面前的父母鞠躬，她的背部僵硬，咬緊牙關、搖搖頭。我又問，對於父母親以及她成長過程中，有什麼地方是她喜歡的嗎？吉兒在談到家庭動力時，對於她討厭的事情就顯得僵硬，對於喜歡的事情則會放鬆下來。吉兒終於勉強承認其實自己本來都沒什麼問題，以前帶著孩子跟爸媽見面也很愉快，直到某次爸媽違反吉兒的教養原則，給了她的孩子一些糖果，事情就不一樣了。她的背痛也是從那時出現的。

「那麼，令尊令堂作為外公外婆，是否做過什麼有趣而且不錯的事情呢？」我問。

「他們真的很懂要怎麼過節。」她微笑著回憶道。

「你能為此向他們感謝地鞠躬嗎？」我問。她帶著幾分笑意照做了。

「你還能為了什麼事情向他們鞠躬並道出感謝呢？」

在她回答之前，吉兒臉上突然出現一抹驚訝。「我的天啊，我的背痛消失了！」她為此哭了出來。

只是一個小小的鞠躬（表示真誠認可和給予尊重的行為），就改變了吉兒的一切。我們進一步探索時，她一直記得「甜食」是引發她與父母爭吵的導火線。吉兒曾提到自己總是認為她的祖母太嚴厲了，幾分鐘之內，她就意識到自己對於糖果事件的反應和由此產生的僵硬，重現了她祖母的頑固和缺乏樂趣。一旦發現了這種模式，就可以放下它，並了解有時生活中來點樂趣不是壞事。她的背痛從此消失，而她也經常讓父母跟孩子見面。

憂鬱

憂鬱症代表缺乏能量、能量流動受阻，或無法接收一代傳一代的能量流動。它呈現出缺乏滿足感，無法接受已經發生的事情，像是未能建立的連結、沒有給予的愛、感覺沒有價值、無法獲得的物質等等，並伴隨著一種不友善、自欺欺人、懲罰性質的必然性和徒勞感。有事情不對勁，一切都完蛋了。一個由個人或系統某處做出的決定似乎是不可撤銷且不可避免的。

系統性工作在這裡很有幫助，尤其是使用排列作為最終能夠看見和體驗發生的事情、聆聽讓你卡住的語言，開始看到、說出並擺脫混亂的感受，再次進入生活的流動。

憂鬱症也可以被視為舊模式的終結，是對新模式有著強烈需求的提示。如果你有憂鬱症，表示你可能既是終結者又是創始者。你可以與系統工作者、心理師或擅長引導你完成此過程的人一起探索這點。這個問題所涉及的原則可能是三個中的任何一個，具體狀況取決於事件本身，但過程和結果是為了在想要停止的事情被解決之後，讓舊模式獲得該有的認可。然後在你往前進時，讓新模式在你心中擁有屬於自己的一席之地。

糖尿病

某些類型的糖尿病源自無法產生、處理或吸收生活中的甜蜜樂趣。這種情況經常發生在家庭中，我們該從系統面向詢問：「這是從哪裡開始的？它如何影響系統的原始成員？對後續成員有何影響？為了改變這一點，有什麼想要停止？有什麼想要開始？」與大多數其他情況一樣，突發事件的類型、對此做出的選擇與決定，都會塑造出獨一無二的狀況，而解決方式也會與其相互影響。

慮病症

被診斷患有慮病症的人，對於自己的身體是否一切無恙，通常不會獲得他們需要的答案。關於身體健康方面，有些被說過、沒有說出口或沒有被解決的事情，在不知不覺中綁架了此人的心思，使他們處於似乎無從逃脫的地獄迴圈，不斷尋求資訊或話語讓身體知道它其實很好。

慮病症也可以傳達在上一代被排除或未解決的疾病或病症。一旦看到並認知這些疾病，個案就可以放下他們一直夾帶在身體和心理的系統性幽靈，踏出下一步。身體很聰明，它會保留你無法或不會處理的內容，直到你面對它。

不孕症

不孕症是系統探索中最有趣的領域之一。簡而言之，我們經常會發現這名女性／男性或其血脈成員，在創造和傳遞生命時感到不安全。這可能是強暴導致的結果，讓創造生命的行為在不知不覺中與侵害、震驚、損害和死亡威脅產生連結。我曾看過一名男性個案，他的家族中曾出過強暴犯，而後代成員均不育。當生孩子不是一件幸福的事情、或成為一個不幸福家庭中的孩子時，也會出現這種情況，這會抑制對家庭的渴望，因為擔心自己可能重複這種模式。內疚、憤怒和隱瞞也是我看到常伴隨不孕症出現的模式。

在每一個個案中，我們都會追溯到開啟這一切的事件，然後創造新的語言、感受和行動，使創造生命成為可能，沒有羞恥、危險或負擔。即使在無法發現最初事件的情況下，針對受孕或撫養家庭創造新的語言、感受和行為也常常能改變這種情況。

肥胖症

在系統性工作中，當一名個案罹患肥胖症且無法順利減重時，詢問他們何時開始注意到自己體重增加，以及當時生活中發生了什麼事情，就會很有幫助。有時我們會注意到，創傷事件的發生，讓當事人產生保護自己的身體免受虐待或侵害的需要，因而無意識地透過增加體重作為一種保護機制。要特別注意的一點，這些威脅很可能早已消失，但個案仍然卡在原地，彷彿事件正在發生一樣。不過從某些方面來說，事件的確仍在發生，因為他們無法將自己的言語、想法和感受脫離已經發生的事情，他們需要為事情畫下句號。這起事件需要在系統中佔有一席之地，然後是創造新詞彙、新思想和重新解決句，並讓它們延續下去。

有時我們會注意到個案無意識地增加體重，是為了把失蹤或被排除在外的家庭系統成員納進來。他們感覺到自己的系統中存在重要的匱乏或缺席，並試圖透過涵蓋不在其中的人的重量來填補。

缺乏愛和養育也是一項常見因素。人類注定要接收和消耗大量的情感糧食，以及營養且適量的身體糧食。當我們沒有得到自己所需的情感糧食時，大腦就會變得混亂，無法透過「內心」接受的東西就會試圖透過我們的「嘴巴」來接收。由於情感和身體的糧食都出問題，我們開始攝入過量的身體糧食來彌補情感糧食的不足。一旦你看到缺少的東西並找到所需的情感糧食，身體糧食就可以再次回到應有的位置。

身體的回應可以非常直接。曾有個案告訴我，每當他們需要感受到被滋養時，就會尋找又黏又甜的食物——換句話說，就是母乳的替代品。

系統性墊腳石#25

通往更健康生活的幸福必然之路

教導自己保持健康，也就等於教導自己如何自愛和自我照料，而自愛的第一步就是敞開心扉，看到你想要從人生中得到什麼，而不是感覺人生只是發生在你身上。你必須願意為有意識地使人生成長承擔責任。一旦你進入自我負責的位置，開始採取措施改變舊有思維和行動模式，大腦就可以在生活的所有領域從被動反應轉變為主動創造，其中也包括你的健康狀態。

- 請記住三個原則——歸屬感、秩序和施與受的平衡。看看你遭遇的挑戰被歸類在哪個原則中。以條件和原則作為指引，看看是否有需要完成、翻轉或重新構建的內容。
- 請傾聽你的身體，學習將症狀轉化為訊息。例如，如果你覺得胃痛，那麼你不能忍受的是什麼？如果你一直在焦慮，有什麼讓你害怕的事情尚未解決？如果你體重超重，你是否執著某些人事物上？你在保護自己抵禦什麼？如果你有聽力問題，什麼是讓你聽不下去的？
- 請學會傾聽並樂於接受。你與自己的衝突在哪裡？你需要對什麼事情說「是／好」？需要對誰或什麼事情說「不」？平靜是否試圖浮現出來？請感受寧靜停駐在你身體何處，並擴展這股感受。

有時疾病反而是療癒之方。我曾有一名客戶，他對於自己不曾從父母那裡拿過一分錢而感到自豪，他什麼事情都不需要依賴他們——直到他生病了，需要他們的愛和支持。這彌補了多年來一直存在的鴻溝，他終於可以從父母那裡得到幫助。這個舉動改變了他的生活，一旦一切恢復正常，愛就可以再次流動，他就此興旺發達。

請記住，身體不會說謊。無論症狀多麼痛苦，都可以作為路標來幫助你。

17

有益全球轉化的系統性工作與排列

我經常被問到系統性工作和排列在什麼地方最有效，以及我對這項工作的長期願景是什麼。我的簡潔回答是：它在世界各地、對各行各業的人都有效，這是一種超越過去局限和古老歷史的轉型與擴張之路。我對這項工作的願景是，讓廣大的群眾探索他們的多代歷史和模式，以充分揭露自己的命運，並開始創造他們最好的自我。當我們最好的自我出現時，世界就會變得更美好。

如果我們明智且充分利用這套方法，就有很大的機會進化到人類從未到達過的地步，你要做的事情將更偉大，更有回報。

有些人也會問我這是不是一種「靈性工作」。我只能說，如果你超越了原本自認的樣貌，進入到充滿可能性的世界，成長為最高版本的自己，並且發現生命的神聖以及人與人最終如何連結為一體，要說這是種「靈性工作」

好像也可以。

我第一次參加家庭排列時，根本不知道自己在做什麼。我是受邀參加並被選為個案家庭的某位成員代表，在最初的幾分鐘裡，我一直在想自己是否應該做些什麼或說些什麼。我記得我們被指示只要讓系統流經我們就好，只有在受到「認知場」驅使時才做出反應。這聽起來有點離譜，但我那時是想去學習新東西的，並保持開放的心態。

突然間，我的身體猛然轉變，我發現自己離開另一位充滿憤怒的「家族成員代表」身邊。我知道那股憤怒不是我的，儘管如此，它就像國慶日的煙火一樣在我體內燃燒！

對於接下來發生的事情，我只能形容為「個案的系統與每個代表之間一支深層又奧妙的舞蹈」。當我回應系統中的其他成員時，我的時間感消失了，對房間其他部分的感覺也消失了。被問到有什麼感受以及是否有話要說的時候，從我嘴裡說出來的話都與我個人的日常生活無關。我正在為個案的系統服務，用它的語言做出回應。個案得到洞察，有了奧妙的轉變並產生明顯的變化。

我完全驚呆了。我的身、心、靈不曾這樣變化過，我不知該如何反應。這是我無法用言語表達出的存在和經驗。透過我和其他代表，一個過去保持沉默的內心世界正在顯現，內容豐富而寬廣。我感覺自己就像身處異國他鄉的旅客，試圖找到語言和感受來表達我的體驗。

那是我與認知場的第一次互動。這是一次非常私人但又兼融的體驗，觸及深刻、奧祕的宇宙真理。從神經科學和表觀遺傳學的角度來看，這個排列的影響顯然是合乎邏輯和科學依據的；然而，從經驗層面來看，則是對個體和群體很有變革性，同時又非常神祕——可以說是一個讓科學和神祕主義尋找共存方式的絕佳案例，允許兩者共同為個人、系統以及所有活動參與者的成長帶來付出。

要說它靈性嗎？確實是。系統工作要求你從內心尋找自己需要和想要的東西。它還要求你做你分內的工作，換句話說，就是去處理未完成的事情。身為領導者、教練、父母、商業夥伴和人類，你周圍的人所能走的距離僅能與「你」相同，我們互相扶持，也因此，我們的工作永遠不會完成。如果你正在尋找一種方法來提升你的靈性修行和自我探索，以深入且廣泛地真正了解自己是誰、你的命運是什麼，這種方法就再適合不過。

改變遊戲規則的人

你能想像如果每個人都學會進入並有意識地站在認知場中，這個世界會是多麼不同嗎？如果每個人都能體驗到正在透過他們、準確而優雅地在他們面前展開的無形世界，會是如何？如果每個人都可以體驗到塑造各種模式和忠誠的古老且獨特的連結，觸碰神聖且能夠改變生活的空間、地點和贈禮，會是如何？你能想像廣大的群眾感受到他們最偉大的自我嗎？這都關乎於如何學習去「看」。

請注意，你在參與一場排列時，可能會對這個場域有直接的體驗，而一旦嘗試過，就將不會、也永遠不會以同樣的方式看待世界。一旦你進入認知場，就可以隨時訪問它。維度化不僅僅是一個有趣的想法，它是體現啟示、洞察和轉變的門戶，並且隨時可運用。

這個方法的可能用途無窮無盡，它與私人生活及職業生活、家人和家庭生活、工作和學習領域都有關。以下是我見證過可以運用這個方法的一些領域。

「學校」對於孩子們來說是一個美好且合理的地方，可以讓他們了解自己的歸屬何處、如何歸屬，怎麼將自我懷疑和自嘲重新構建為自信和自尊，以及如何發現自己的優勢並投資於自己的夢想。展望未來，系統性工作和排列可以成為社會研究和心理學課程，甚至是科學課程的一部分，教導學生如何體驗認知場。這個方法可以教導學生設身處地為他人著想，建立同理心；堅持自己的希望和願望，然後去感覺從目前所在之處一路走向理想未來、直到實現自己的目標。兒童的感知和想像能力比成人要強得多。給他們工具，讓他們帶著好奇心去探索周圍和內心的世界，感知其他世界，弄清楚每個人如何擁有屬於自己的地方，誰知道他們將成為什麼樣的人物呢！

我很幸運能與許多希望為客戶提供更好服務的優秀教練一起工作，系統性工作和排列幫助他們做到這一點。如果你是任何類型的教練——成功教練、健身教練、執行教練、技能教練、生活教練，這個方式可以為你的客戶開拓不同的生命領域，而不是只為了生活中的一小部分目標工作。對你的客戶來說，這真的能澈底改變他們的人生。

很多律師也參加了這些課程，其中一些人在他們執業過程中，運用了這些原則和方法。例如在離婚案件中，教導雙方了解什麼可行、什麼不可行，讓大家有能力知道如何做出不同的選擇、可以往哪個方向成長，以及如何完整呈現。離婚可以像婚姻一樣，為一個人帶來成長。在離婚期間提供系統工作和排列作為工具，可以引起反思、內省、洞察、個人成長和療癒，這將對後代產生正面影響。

最後，請想像一下在地方和國家政府機構中使用系統性工作和排列。想像一下在聯合國使用它！如果聯合國（或任何組織）的既定目標是讓所有國家彼此理解和共同發展，而不是為個人的小利小益而戰，會是如何呢？利用排列，國家代表們將不再能夠於全球性問題上顧左右而言他。一個結構性排列將使國家代表以看得見的方式，與其他國家一起為如何從當下狀態通往期待狀態，提供想法、資源和建議，直到系統不再緊繃並達成一致。起碼，大家可以從立體層面上探索恐懼、擔憂和資源，去了解和感受怎麼樣才能對所有相關國家造成最正面的影響。

「我們」是變革推動者。我們無法以受害者的身分成功。只有立足於我們自己靈魂的力量，並教導他人如何做到同樣的事情，才能提升自己及周圍的世界。我們是怎麼創造變化的，將會改變歷史。

打從當年的第一場排列起，我就和客戶一起身處其中，看著他們克服困難，釋放自己的渺小，放下困住自己的拐杖，釋放焦慮、疾病、恐懼、貧窮、成癮和憤怒。我見證了他們確立自己的目標，釋放真正的力量，並開始過著非凡、脫離痛苦、豐富、快樂的生活。我看到憤怒轉換為同情，仇恨變成理解，反抗變成合作和創新。當每個人和所有事物都被看到並被包容在內時，卓越的一切就會展開，深刻的真理和智慧浮出水面。我們第一次了解真正的自我，對此感到敬畏——原來我們是多麼優秀的指揮者。我們意識到自己這一生都在與這個場域互動，過去只是沒有有意識地理解它，或不知道該如何參與。

直到現在，我們都還沒有意識到轉變有多麼觸手可及。它不在遙遠的銀河彼岸，而是如果我們想要，它就在此時此地。要轉變並不需要我們勞心勞力、流血流汗，而是關於提升我們的情緒，活在當下，讓心靈、思想和直覺開放，接受新的可能性；這是關於放下臆測、舊模式和舊傷口。當我們充滿快樂、善良和感激（源自放鬆、熱情和興奮），就會得到完全不同的結果，而不是最初我們堅決不放手，讓自己陷入困境的東西。我們所要做的就是放下先入為主的想法，準備好進入一個非常活躍的領域，等待我們覺醒。

你想轉變嗎？你是否願意這樣做？透過這個方式，你的希望將不會落空。只要知道你願意轉變的程度將與獲得的結果正相關就好。你越是了解並提升自己的情緒藍圖，就越能在這個神祕而實用的領域中走得更遠，擴展你的人生。

祖先保護和守護著過去，為我們提供深刻的洞察和智慧；但是，我們每個人都有責任塑造個人命運，進而塑造系統的命運。你可能會感到困惑、掙扎或迷失，但是別忘了系統會說話。如果你建立自己的系統並與之交流，就會找到正在尋找的答案。你會發現奧祕就在你身邊、流經你、等著你看見。當你這麼做時，就會顯現你從未以為有可能的事物。

除了隱藏的模式、無意識忠誠和感知限制之外，還有一個充滿可能性的領域，正等著你將它點化為現實。藍圖已經在那裡，由你來創造情緒ＤＮＡ。你其實並不受限制，只是你以為自己受限。既然你覺醒了，世界再也不會相同，你也不會。

我期待有一天能在活動中見到你，期待看到你展現出自己一直注定要成為的燦爛個體。在那之前，要知道你是偉大且不可思議的。你的系統愛你，宇宙也愛你。它一直如此，而且永遠都會如此。

致謝

儘管一直收到希望我分享更多所知和經歷的要求，但我從未想過寫一本書。每次有人建議我現在是動筆寫書的好時機，我的家人（包括毛小孩）都會看見我對此橫眉豎眼。在過去，寫一本書絕對不在我的待辦清單上……除非它發生。

我擁有忙碌而精彩的職業生活，與大型公司中一些最優秀的人才一起努力，身為排列培訓師、主持者和實踐者，我的行程滿檔。隨著活動規模和需求的增加，我逐漸發現寫一本書的確可以幫助更多人看到他們以前從未見過的世界，改變他們的生活。但我起初對於寫一本書的想法感到害怕，因為我太忙了，這件事情簡直難如登天。

要我特別挪出一段空檔來寫書，是很不實際的建議，所以我學會了「專注」和「最大化時間」兩大原則，它們都是優秀、要求很高的老師。

與此同時，天使在幕後默默牽線，帶來了貝西．雀斯（Betsy Chasse），我非常感謝她。她是強大的魔法製造者，可以讓美好的事情發生。她還把我介紹給了凱特．蒙大拿（Cate Montana），她一直是我的理智製造者和嚮導，形塑我的行文風格，讓我保持專注，即使發生了天大災難要阻撓這本書的出版也一樣。凱特，我不只感謝你的編輯與組織，還要感謝你的創造性思維和洞察力，最重要的是，謝謝你向我展現編製一本書的神聖旅程。我不再害怕它，而是學會去愛它。

我深深感謝看到我潛力的麗莎・哈根（Lisa Hagan），也感謝潭美・西蒙斯（Tami Simon）和Sounds True邀請我進入你們美好的大家庭，我希望能成為一個值得邀請的客人。安娜塔西亞・裴洛邱德（Anastasia Pellouchoud），感謝你無與倫比的耐心、感謝格雷特爾・哈肯森（Gretel Hakanson）的專注和智慧。我感到很榮幸有你們的幫助。

回顧整件事的起點，我要感謝伯特・海靈格（Bert Hellinger）、揚雅各・史旦（Jan Jacob Stam）、畢畢・舒路德（Bibi Schreuder）和馬克・渥林（Mark Wolynn），他們不僅給了我見解和指教，還給了我深刻的使命和目的。

感謝克萊兒・達根內斯（Claire Dagenais）、羅莎芭・史托克（Rosalba Stocco）、黛安娜・道格拉斯（Diana Claire Douglas）、麗莎・多格（Lisa Doig）和茱蒂・曼藍（Judy Malan）邀請我到你們的場地分享我的所學。

塞西莉亞・羅斯（Cecilia Rose），無論你現在在宇宙的哪個角落，我知道你正在做出很棒的貢獻，而我們曾一起做了如此多努力。蒂娜・貝克（Tina Baker），聰明的天才和朋友，感謝你的療癒、善良和對更高層次生活方式的承諾。葛洛麗亞・霍華德（Gloria Howard），你展現了成長歷程的縮影。布萊恩・史托沃（Brian Stovall），你展現了這套方法可以運用在許多地方。莎賓娜（Sabine），你的專注和幽默讓我既腳踏實地又輕鬆。貝茜（Betsey），你的技術天才也促使擴展開始。感謝給予我機會的ＨＪ・尼爾森（HJ Nelson）和以「聆聽心聲」為核心的著名領袖雪莉・德桑蒂斯（Cheryl DeSantis）。

特別感謝貝瑞・戈登斯坦（Barry Goldstein）和伍迪（Woody），他們把我帶到了全新的專業等級，讓我保持專注和努力。我迫不及待地想向世界展示你與我一同創造的東西，繼續一起創造更多的魔力。

感謝我的母親、兄弟和女兒對我的信任，我非常感恩，並在漫長的一天結束時為我帶來活力。

變革性思維在大公司中很活躍而且顯而易見。我感謝每一位邀請我加入並敢於以更高階方式塑造你們的組織，乃至於世界的人。

我必須感謝那些為我們鋪平道路的轉化導師，當我們勇於超越眼前所見、敢於調整內心、腦袋和直覺的力量時，他們會展示什麼是可能的。你們是塑造出我們盼望看到的世界的人，我非常尊敬你們。沒有你們，我就不敢寫這樣的書。

致無數的客戶和活動參與者：沒有你們所有人，這一切都不可能實現。你們的勇氣、智慧和洞察創造了這本書。你現在知道轉變就在自己的手中，你知道如何好好利用它。

最後，對於認知場及其包含的一切，以及量子場及所有可能的東西，沒有你，向內和向外的旅程都不可能成真，本書也不復存在。

謝謝你們。